Der Beleihungswert

Schriftenreihe des Verbandes deutscher Hypothekenbanken

Band 13

Konrad Rüchardt

Der Beleihungswert

Bedeutung, Anforderungen, Ermittlung
und Verwendung von
Beleihungswerten für Immobilien

Fritz Knapp Verlag Frankfurt am Main

ISBN 3-8314-0715-0

Verlag Fritz Knapp GmbH, Frankfurt am Main
Gesamtherstellung: Druckhaus Beltz, Hemsbach/Bergstraße

Printed in Germany

Vorwort

Der Beleihungswert trägt wesentlich zu der dem Realkredit zugrundeliegenden Langfristphilosophie bei. Er ist kein stichtagsbezogener Wert, wie z.B. der Verkehrswert gem. §194ff BauGB, sondern beinhaltet nur die nachhaltigen und damit langfristigen Eigenschaften einer Immobilie. Dadurch übt er eine stabilisierende Wirkung auf den Immobilienmarkt aus. Durch eine vorsichtige und nachhaltige Beleihung der Immobilien wird eine Überhitzung des Marktes durch Ausweitung der Kreditvergabe vermieden. Der Schweinezyklus wird geglättet. So ergab beispielsweise eine Studie aus dem Umfeld der Weltbank, daß die Volatilität der deutschen Immobilienmärkte deutlich geringer war als die anderer Immobilienmärkte. Dies wurde auf das deutsche Realkreditsystem und den zugrundeliegenden Beleihungswert zurückgeführt.

Eine zentrale Bedeutung hat der Beleihungswert für die Sicherheit der Pfandbriefe und somit für das tägliche Refinanzierungsgeschäft der Hypothekenbanken. In die Deckungsmasse von Hypothekenpfandbriefen dürfen gemäß der strengen Regelungen des Hypothekenbankgesetzes nur Realkredite bis zu einem Auslauf von 60% des Beleihungswertes genommen werden.

Die weitreichende Wirkung der Beleihungswertermittlung mit den genannten Effekten geht über den Bereich der Hypothekenbanken weit hinaus. So knüpft beispielsweise die für alle Kreditinstitute geltende niedrigere Eigenkapitalunterlegungspflicht für grundpfandrechtlich gesicherte Kredite an die Einhaltung des Beleihungsauslaufs von 60% auf Basis des Beleihungswertes an. Schließlich entfaltet der Beleihungswert durch die Erwähnung in der EU-Solvabilitätsrichtlinie über die Grenzen Deutschlands hinaus Bedeutung.

Trotz dieser hohen Bedeutung wurde der Beleihungswert in der Literatur bisher eher stiefmütterlich behandelt.

Der vorliegende Band der Schriftenreihe basiert auf einem gleichnamigen-Studienbrief, welcher Teil einer Ausbildungsreihe für Immobiliensachverständige für die Beleihungswertermittlung ist. Zielsetzung des Ausbildungsganges bei den Akademien der Kreditwirtschaft ist es, Zusammenhänge zwischen Immobilienbewertung und Realkreditgeschäft verständlich zu vermitteln. Der Ausbildungsgang schließt mit einer Zertifizierungsprüfung nach Euronorm 45013 bei der Hyp Zert GmbH ab. Gesellschafter der Hyp Zert GmbH sind alle Spitzenverbände der Kreditwirtschaft sowie der Verband der privaten Bausparkassen.

Die durchweg positiven Reaktionen auf das Lehrmaterial und das Bedürfnis nach vertiefender Literatur zum Beleihungswert haben uns veranlasst, den Studienbrief zu überarbeiten und in unserer Schriftenreihe zu veröffentlichen. Sowohl für den Studienbrief als auch für die Veröffentlichung in der Schriftenreihe des Verbandes deutscher Hypothekenbanken konnte Dr. Konrad Rüchardt gewonnen werden. Dr. Rüchardt hat in seiner langjährigen Tätigkeit als Vorstandsmitglied der Bayerischen Handelsbank und als Herausgeber des Handbuchs des Hypothekarkredits Maßstäbe in der Weiterentwicklung der Beleihungswertmethodik gesetzt.

Kernstück der vorliegenden Publikation sind das „Grundsatzpapier zum Beleihungswert" sowie die Ausarbeitung „Wesentliche Aspekte der Beleihungswertermittlung". Diese Grundlagen wurden vom Ausschuß für Bewertungsfragen, einem Fachgremium des Verbandes deutscher Hypothekenbanken, erarbeitet und vom Bundesaufsichtsamt für das Kreditwesen anerkannt. Sie markieren einen Meilenstein auf dem Weg zu einer einheitlichen Beleihungswertermittlung der gesamten Kreditwirtschaft.

Der Schwerpunkt der Publikation liegt im methodischen Bereich. Darüber hinaus zeigt dieser Band die Zusammenhänge zwischen Beleihungswert, Realkreditsicherheit und Kreditentscheidung auf. So wird deutlich, daß der Beleihungswert mehr als eine besondere Art der Immobilienwertermittlung ist.

Es gibt somit eine Reihe von guten Gründen, dem Beleihungswert zu einem hohen Bekanntkeitsgrad zu verhelfen. Wir hoffen, mit dieser Publikation einen Teil dazu beizutragen.

Für die fachliche Begleitung danken wir den Mitgliedern des Ausschusses für Bewertungsfragen, Wolfgang Crimmann, Peter Ebenberger, Michael Kartes, Christoph Kettel, Klaus Kunold, Claus Marcinek, Stephan Schwab, Raymond Trotz sowie den Herren Helmut Engstler und Gert Weichelt. Frau Rebecca Holter danken wir für die redaktionelle Durchsicht.

Dr. Louis Hagen	Achim Reif
Hauptgeschäftsführer	Bereichsleiter Immobilienwirtschaft und Wohnungspolitik

Inhaltsverzeichnis

– Teil I –

– Teil II –

- Teil III -

Wichtige Abkürzungen

BauGB	Baugesetzbuch
BAKred	Bundesaufsichtsamt für das Kreditwesen
EMLV	European Mortgage Lending Value
ERP	Estimated Realisation Price
EU	Europäische Union
EWG	Europäisches Wirtschaftsgebiet
HBG	Hypothekenbankgesetz
KWG	Kreditwesengesetz
OMV	Open Market Value
TEGoVA	The European Group of Valuers Association (Europäischer Zusammenschluß der Verbände der Immobilienbewerter
VdH	Verband deutscher Hypothekenbanken e.V
WertV	Wertermittlungsverordnung

Teil I

1 Zielsetzung und Ausgangsbasis

1.1 Ziel des Buches und Vorbemerkungen

1.11 Ziel dieses Buches ist es, über die Bedeutung, die Anforderungen, die Ermittlung und die Verwendung von Beleihungswerten für Immobilien zu informieren. Sein Text deckt sich weitgehend mit dem Studienbrief „Beleihungswert", den der Verfasser für den Verband deutscher Hypothekenbanken als Vorbereitungsmaterial für „Hyp Zert, Gesellschaft zur Zertifizierung von Immobiliensachverständigen für Beleihungswertermittlungen GmbH" angefertigt hat. Die Schulungen im Vorfeld der Zertifizierung werden von der Bankakademie in Frankfurt, der Sparkassenakademie in Bonn und der Genossenschaftsakademie in Montabaur durchgeführt. Zusammen mit der anschließenden Zertifizierung durch „Hyp Zert" sind sie ein wichtiger Beitrag zur Hebung und Sicherung der Qualität der für die deutschen Realkreditinstitute tätigen Immobiliensachverständigen. Das wiederum ist ein Eckpfeiler in der vor einigen Jahren eingeleiteten besonderen Qualitätsoffensive für den nach den Bestimmungen des Hypothekenbankgesetzes (§§ 6, 10, 22, 30, 31, 35) durch Grundpfandrechte auf vorsichtig bewerteten Immobilien gedeckten (gesicherten) Hypothekenpfandbrief.

Inzwischen haben sich auch die Verbände der öffentlichen Banken, der Sparkassen, der Volks- und Raiffeisenbanken und der Bausparkassen an der Hyp Zert GmbH beteiligt. Diese ist dadurch heute die mit Abstand größte Zertifizierungseinrichtung für Immobiliensachverständige in Deutschland.

1.12 Der Studienbrief „Beleihungswert" konnte relativ kurz gehalten werden, weil an vielen Stellen auf andere Studienbriefe von „Hyp Zert" verwiesen wurde. Da diese Studienbriefe bei der Hyp Zert GmbH oder den o.g. Akademien käuflich erworben werden können, blieben die Verweisungen im vorliegenden Buch bestehen. Sie wurden aber durch zusätzliche Verweisungen auf bekannte Literatur zur Immobilienbewertung ergänzt.

Sofern zur Verständlichkeit des Buches ohne die anderen Studienbriefe **erforderlich**, **wurde der Text** an einigen Stellen **gegenüber dem Studienbrief erweitert**. Das gilt vor allem für das Kapitel 4, in dem die verschiedenen Wertermittlungsverfahren behandelt werden. Das Buch wird aber keine geschlossene Darstellung der Verfahren zur Bewertung von Immobilien enthalten. Dafür gibt es heute umfangreiche und sehr qualifizierte Literatur. Es wird, wie im Studienbrief, unterstellt, daß der Leser die Grundregeln zur Bewertung von Immobilien kennt.

1.13 Die angesprochenen **Literaturstellen werden wie folgt zitiert**: Name des Verfassers, Nr. des Literaturverzeichnisses, Seitenangabe. Beispiel: (Bellinger D.: Nr. 2, S. 669).

Die zitierten Studienbriefe sind im Literaturverzeichnis aufgeführt. Im Anschluß an das Literaturverzeichnis befindet sich außerdem ein Verzeichnis wichtiger Literatur über die Bewertung von Immobilien und ein gesondertes Verzeichnis aller in den Ausbildungsseminaren für die Zertifizierungsprüfung durch Hyp Zert verwendeten Studienbriefe.

1.14 Die bei uns in Deutschland als relativ kompliziert geltende Thematik des Beleihungswerts wird möglichst einfach und pragmatisch dargestellt. Nur so werden wir auch im enger zusammenrückenden Europa verstanden; nur so besteht die Aussicht, daß sich der wichtige Begriff des „echten Realkredits" (Realkredit im engeren Sinne, s. u. Ziff. 1.61 und 1.7) und die damit zusammenhängenden Vorzüge bei der Eigenkapitalausstattung (halbe Anrechnung echter Realkredite auf die notwendige Eigenkapitalausstattung eines Kreditinstituts) und bei der Refinanzierung in Europa verbreiten. Nur bei leichter Verständlichkeit läßt sich für die Immobilienbewertung durch Banken europaweit ein den Kreditrisiken gerecht werdendes, einheitliches Wertniveau erreichen und dem Pfandbrief die inzwischen weltweite Anerkennung auf Dauer bewahren (s. a. Ziff. 1.7).

1.15 Das Buch gliedert sich in drei Teile:
Teil I enthält eine stark gegliederte Darstellung des Themas.
Teil II besteht aus drei grundlegenden Papieren, die in den letzten Jahren zu unserem Thema vom Verband deutscher Hypothekenbanken e. V. (VdH) ausgearbeitet und mit dem Bundesaufsichtsamt für das Kreditwesen (BAKred) im Detail abgestimmt wurden. Sie sprechen für sich selbst und erfordern keine weitere Kommentierung. Außerdem ist hier das Schreiben des BAKred über die sogenannte Kleindarlehensgrenze, unterhalb der eine vereinfachte Bewertung möglich ist, sowie das Bewertungsformblatt der Hyp Zert GmbH abgedruckt.
Teil III enthält insgesamt 11 Beispiele für die Ermittlung und Verwendung von Beleihungswerten für unterschiedliche Immobilien.

Der Autor dankt dem Ausschuß für Bewertungsfragen beim Verband deutscher Hypothekenbanken e. V. für die interessanten Anregungen und die kritische Begleitung.

1.2 Der Hypothekarkredit von Beginn an ein Zentrum des Kreditwesens

1.21 **In Deutschland große Bedeutung und klare Regelungen**
Bei dem großen Umfang des Immobilienbestandes in Deutschland und in ganz Europa sowie bei seiner hohen Bedeutung

▷ für die gesamte Wirtschaft (gewerblich und landwirtschaftlich genutzte Immobilien, Bauwirtschaft eine Schlüsselbranche der Konjunktur etc.) und
▷ für das private Leben der Bürger (Wohnungsbestand – Mietwohnungen, Eigentumswohnungen und Eigenheime – und Freizeitimmobilien unterschiedlichster Art)

ist die langfristige Finanzierung (Beleihung) von Immobilien privatrechtlicher Eigentümer durch den Hypothekarkredit von Anfang an eine der wichtigsten und umfangreichsten Sparten der Kreditwirtschaft. Dafür haben sich in den zurückliegenden etwa 230 Jahren (1769 Gründung des ersten Hypothekarkreditinstituts, der Schlesischen Landschaft, fußend auf alten österreichischen Vorarbeiten) klare Regelungen herausgebildet, die für Deutschland erstmals in dem am 13.7.1899 veröffentlichten und am 1.1.1900 in Kraft getretenen Hypothekenbankgesetz zusammengefaßt und geordnet worden sind. Die Grundzüge dieses Gesetzes blieben bis heute unverändert, obwohl selbstverständlich viele Einzelvorschriften immer wieder an inzwischen gewonnene Erfahrungen und an veränderte Erfordernisse angepaßt wurden. (Näheres siehe u.a. Nr. 2).

1.22 Die **Hypothekargesetzgebung in unseren europäischen Nachbarländern** ähnelt der unsrigen in wesentlichen Teilen oft stark. Das gilt vor allem für die Nachfolgestaaten des alten Österreich-Ungarn. Aber auch in anderen europäischen Ländern, insbesondere den Niederlanden, Dänemark, Frankreich, Italien, Spanien und der Schweiz, gibt es viele Parallelen (Näheres siehe: Nr. 4; Nr. 7; Nr. 24).

Am weitesten als eigene Kreditsparte ist der Hypothekarkredit aber zweifellos **im deutschen Sprachraum entwickelt** worden. Das gilt in gleicher Weise fur das Darlehensgeschäft (Aktivseite) wie für dessen Refinanzierung (Passivseite) durch die Ausgabe von Pfandbriefen, die mit Hilfe des im Falle eines Konkurses der ausgebenden Bank privilegierten Deckungsstockes (Konkursvorrecht nach § 35 HBG) unmittelbar durch Darlehen innerhalb von 60 % der Beleihungswerte gesichert sind.

1.3 Seit vielen Jahrzehnten umfangreiche Literatur

1.31 Seit der Verabschiedung des Hypothekenbankgesetzes (HBG), der in den letzten Jahren des 19. Jahrhundert sorgfältige Vorarbeiten und Diskussionen vorangingen, entwickelte sich in Deutschland eine **umfangreiche Literatur zu dieser Sparte des Kreditwesens**. Sie begann mit den angesehenen Kommentaren zum Hypothekenbankgesetz von Dannenbaum – wenigstens zwei Auflagen –, fortgesetzt von Barlet, Karding und Fleischmann; die letzte Auflage stammt von Bellinger und Kerl (Nr. 3). Rasch folgten einige wegweisende Veröffentlichungen zur Bewertung, zunächst vornehmlich von landwirtschaftlichen Immobilien [Aereboe, (Nr. 1); von der Golz (Nr. 6)] sowie bis heute viele oft sehr zeitnahe juristische, betriebswirtschaftliche und immobilienbezogene Aufsätze in Fachzeitschriften und Buchtiteln. Als zusammenfassendes Werk für den gesamten Hypothekarkredit erschien nach dem zweiten Weltkrieg von Steffan unter Mitwirkung namhafter Autoren aus der Branche in den Jahren 1963 das „Handbuch des Realkredits" – 1. Auflage – (Nr. 22) und 1977 dessen 2. Auflage als „Handbuch des Real- und Kommunalkredits" (Nr. 23). Dieses Werk wurde 1993 von Rüchardt mit der 3. Auflage als „Handbuch des Hypothekarkredits" fortgeführt (Nr. 19).

Auch für die Bewertung von nicht landwirtschaftlichen Immobilien (wohnwirtschaftlich, gewerblich und industriell genutzte Immobilien) ist vor allem nach dem zweiten Weltkrieg mit der zunehmenden Freiheit der bis Ende der fünfziger Jahre des soeben abgelaufenen Jahrhunderts jahrzehntelang stark reglementierten Immobilienmärkte (Preisstopp für Grundstückspreise und Mieten) eine umfangreiche Literatur entstanden, von der eine Auswahl im Literaturverzeichnis des Studienbriefes „Verkehrswert nach WertV und andere Verfahren" und am Ende dieses Textes aufgeführt ist. Besondere Bedeutung besitzen heute die Veröffentlichungen von Gerardy (Nr. 5), Roß-Brachmann (Nr. 18), Kleiber, Simon, Weyers (Nr. 16) und Vogels (Nr. 27). Sie befassen sich allerdings wesentlich mit der Ermittlung von **Verkehrswerten** (Marktwerten), für die sich in Deutschland als Richtschnur die für den Grundstücksverkehr mit der öffentlichen Hand erstmals 1972 erlassene Wertermittlungsverordnung – letzte Fassung vom 18.8.1997 (WertV 98) – und die zugehörigen erstmals 1976 erlassenen Richtlinien – letzte Fassung vom 1.8.1996 (WertR 76/96) – bewährt haben (Nr. 16).

1.32 **Über die Ermittlung des Beleihungswerts** von Immobilien, der auf Grund seiner besonderen Aufgabe bei der dauerhaften Absicherung von Hypothekarkrediten und bei deren Refinanzierung zunehmend als ein eigenständiger Wertbegriff aufgefaßt wird, gibt es aus den letzten Jahrzehnten einige **kompetente und allgemein anerkannte Veröffentlichungen**. Dazu gehören neben den Beleihungsgrundsätzen für Sparkassen – einst von Michaelis, fortgeführt von Stannigel, Kremer und Weyers (Nr. 21), vor allem die Abhandlungen von Rüchardt in den drei Auflagen der schon erwähnten hypothekarischen Handbücher, der ebenfalls schon genannte Kommentar zum HBG von Bellinger und Kerl, die demnächst in zweiter Auflage neu erscheinenden „Bankenaufsichtlichen Anforderungen an den Realkredit" von Kerl (Nr. 14) und das ganz aus der Praxis heraus geschriebene Buch von Pohnert „Kreditwirtschaftliche Wertermittlungen" (Nr. 17). Auch im neuesten Kommentar zur WertV von Kleiber, Simon und Weyers (Nr. 16, ab S. 1663) befindet sich eine übersichtliche zusammenfassende Darstellung der Beleihungsgrundsätze und der Beleihungswertermittlung in den verschiedenen Institutsgruppen des Hypothekarkredits. Zu nennen sind hier noch verschiedene Aufsätze aus den letzten Jahrzehnten von Kerl und Rüchardt in den Zeitschriften „Der Langfristige Kredit" (u.a. Nr. 7/96) und „Grundstücksmarkt und Grundstückswert" (u.a. Nr. 6/95 und 1/96).

1.4 Für wen gilt der Beleihungswert nach dem HBG?

1.41 Einst galt der **in § 12 des Hypothekenbankgesetzes (HBG) näher definierte Beleihungswert** (s.u. Ziff. 2.25) sowie das gesamte Gesetz nur für die als privatrechtliche Aktiengesellschaften organisierten Hypothekenbanken und die in der Form einer Genossenschaft betriebene Bayerische Landwirthschaftsbank e.G., die heute Münchener Hypothekenbank eG heißt.

1.42 Die Vorschriften der §§ 11 (Beleihungsgrenze) und 12 (Beleihungswert) HBG haben heute durch den Bezug in den folgenden §§ des Gesetzes über das Kreditwesen (KWG) auch für alle anderen Sparten der Kreditwirtschaft grundlegende Bedeutung erlangt:

- § 10 Abs. 1 KWG: Eigenmittelausstattung in Verbindung mit der Solvabilitätsrichtlinie und dem sogenannten Grundsatz I über die Eigenmittel der Kreditinstitute in der jeweils neuesten Fassung;
- § 10 Abs. 4a Ziff. 4 und Absatz 4b KWG:
  Nicht realisierte Bewertungsreserven im Grundbesitz;
- § 14 Abs. 2 Nr. 5: Millionenkredite;
- § 18 KWG: Kreditunterlagen, Prüfung der persönlichen Verhältnisse;
- § 20 Abs. 3 Ziff. 5 KWG:
  Ausnahmen von den Verpflichtungen nach den §§ 13 KWG – Großkredite – bis 14 KWG – Milionenkredite – und
- § 21 Abs. 3 Ziff. 1 KWG: Realkreditbegriff – im engeren Sinne.

1.5 Die Bewertungsvorschriften anderer Sparten des Hypothekarkredits

Sie sind heute mehr oder weniger an die Grundsätze der §§ 11 und 12 HBG (wörtlich siehe Ziffer 2.25) angelehnt. Vor allem:

- § 54 Abs. 2 Nr. 1a Versicherungsaufsichtsgesetz bezieht sich hinsichtlich der Bewertung der beliehenen Grundstücke sogar ausdrücklich auf die §§ 11 und 12 HBG und verzichtet ganz auf eigene Bewertungsvorschriften.
- § 2 der Beleihungsgrundsätze für Sparkassen,
- § 7 Abs. 7 Bausparkassengesetz (BausparG.).

Bei den öffentlich-rechtlichen Kreditinstituten, für deren Hypothekargeschäft das Gesetz über die Pfandbriefe und verwandten Schuldverschreibungen öffentlich-rechtlicher Kreditanstalten maßgebend ist, stehen die Vorschriften, nach denen die zur Deckung für die Pfandbriefe beliehenen Grundstücke zu bewerten sind, in der jeweiligen Anstaltssatzung, wobei sich diese Satzungsbestimmungen heute ebenfalls weitgehend an die Grundsätze der §§ 11 und 12 HBG anlehnen.

Damit wurde der Beleihungswert des HBG zu einer der zentralen Vorschriften des deutschen Kreditwesens.

(Vergleiche Studienbrief „Hypothekenbanken“ Nr. 10, S. 10ff.).

1.6 Gliederung der hypothekarischen Kredite nach Beleihungsräumen

Man kann die verschiedenen Spielarten der Ausleihungen der Kreditinstitute nach unterschiedlichen Gesichtspunkten gliedern; für die Gruppe der Hypothekarkredite interessiert im Zusammenhang mit dem Beleihungswert vor allem eine **Unterteilung nach Beleihungsräumen**, das ist nichts anderes als nach dem Grad der Absicherung auf den beliehenen Immobilien und damit auch nach dem mit dem Darlehen verbundenen Risiko. Das Schaubild zeigt dies deutlich anhand der Grenze für den sogenannten erststelligen Beleihungsraum von 60 % des Beleihungswerts (§ 11 HBG) und der weniger eindeutig geregelten Begrenzung des nachstelligen Beleihungsraumes bis zum Verkehrswert der beliehenen Immobilie. Darlehen, deren Absicherung den Verkehrswert übersteigt, sind hinsichtlich des überschießenden Betrages nicht mehr als Hypothekarkredit anzusehen und für die reinen Hypothekenbanken nicht zulässig, da sie keine Beleihung von Grundstücken (§ 1 Abs. 1 HBG) darstellen.

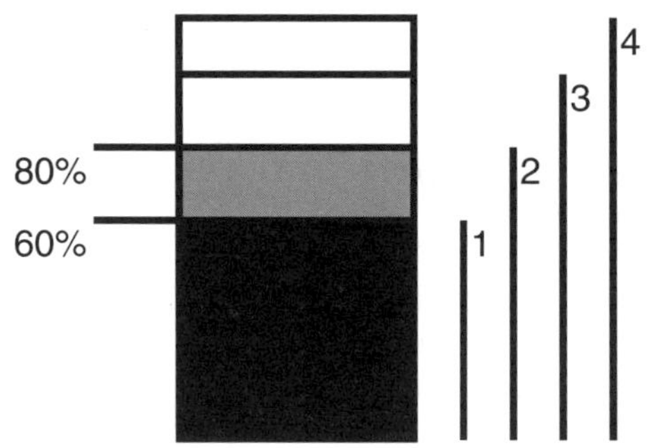

1= 60% Beleihungsgrenze (erststellig/ deckungsfähig)
2= 80% Beleihungsgrenze
3= Beleihungswert
4= Verkehrswert

1.61 **Darlehen, die innerhalb von 60% des Beleihungswerts dinglich abgesichert sind, gelten als sogenannter Realkredit im engeren Sinne.** Diese Realkreditgrenze wurde durch das KWG (siehe die oben im einzelnen aufgeführten §§, vor allem § 21 Abs. 3 Ziffer 1) als für alle Kreditinstitute verbindlich festgesetzt. Es wird dabei auf Grund der inzwischen über zweihundertjährigen Erfahrung in der Immobilienfinanzierung unterstellt, daß die Rückführung von Darlehen, deren hypothekarische Besicherung (heute in Deutschland aus praktischen Gründen überwiegend durch Grundschulden) einschließlich etwaiger Vorlasten innerhalb von 60 % des Beleihungswerts ausläuft, nach Art eines Pfandleihgeschäfts bereits allein durch die verpfändete Immobilie (Beleihungsobjekt), sei es aus deren Ertrag oder aus deren Verwertung (Verkauf oder Zwangsversteigerung), ohne besondere Berücksichtigung der Bonität des persönlichen Schuldners gesichert ist. (Siehe u.a. Bellinger/Kerl Nr. 2, Rüchardt/Steffan in Nr. 19; 22; 23; Kerl, Nr. 14).

Verschiedene neuere Untersuchungen haben dies bestätigt. Auch in den Immobilienkrisen der letzten 50 Jahren (1973 – 1976, 1980 – 1984 und von 1995 – 2000) haben die Hypothekarinstitute an den innerhalb von 60 % der Beleihungswerte abgesicherten Darlehen oder Darlehensteilen (Deckungsdarlehen) mit durchschnittlich weniger als 0,06 % des Darlehensbestandes pro Jahr sehr geringe Ausfälle zu verzeichnen gehabt. Die in letzten Jahren durchaus spürbaren Kreditausfälle der Hypothekarinstitute betreffen fast ausschließlich das den 60 % Rahmen übersteigende nachstellige Darlehensgeschäft, mit im Durchschnitt knapp 0,25 % dessen Volumens.

1.62 **Darlehen oder Darlehensteile, die zwischen der Realkreditgrenze von 60 % und etwa 80 % des Beleihungswerts gesichert sind, nennt man heute nachstelligen Hypothekarkredit.** Für Hypothekenbanken gehört er zum Außerdeckungsgeschäft, das nach § 5 Abs. 1, Ziff. 2 HBG in einem begrenzten Volumen (maximal 20 % des Gesamtbetrages aller hypothekarischen Beleihungen) zulässig ist. Die o.g. 80 % Grenze ist nur im Bausparkassengesetz festgeschrieben (§ 7 Abs. 1); im übrigen beruht sie auf langjähriger Erfahrung. Früher bezeichnete man solche Darlehen kurz als „zweite Hypothek", wobei unterstellt wurde, daß der erststellige Beleihungsraum voll durch eine „erste Hypothek" ausgefüllt ist. Vor dem ersten Weltkrieg wurden zweite Hypotheken häufig mit einem gegenüber der ersten Hypothek um wenigstens 1/2 % höheren Zinssatz von Privatleuten zur Verfügung gestellt.

Bei freundlichen Immobilienmärkten ist der nachstellige Hypothekarkredit bis zu den genannten 80 % des Beleihungswerts ausreichend im Objekt selbst abgesichert. Das gilt besonders für vermietete Objekte, bei denen die Annuitäten beider hypothekarischen Darlehen aus dem Mietertrag bezahlt werden können, falls notwendig durch den Zwangsverwalter. Nur wenn die Verwertung eines Beleihungsobjekts sehr lange dauert und viele Vorlasten (rückständige öffentliche Gebühren und Zinsen der ersten Hypothek) auflaufen, drohen Verluste. In Zeiten schwacher Immobilienmärkte kann daher im Insolvenzfall die

Absicherung im nachstelligen Beleihungsraum von 60 – 80 % des Beleihungswerts aber mitunter nicht ausreichen.

Bei den im nachstelligen Bereich abgesicherten Darlehen spielt deshalb die Bonität des persönlichen Schuldners eine weit größere Rolle als im erststelligen Realkredit. Im übrigen sollten solche Darlehen verstärkt getilgt werden, um das Risiko zeitlich und der Höhe nach zu begrenzen und den knappen Spielraum einer Hypothekenbank für Außerdeckungsdarlehen (§ 5 Abs. 2 Ziff. 2 HBG) zu schonen. Außerdem läßt sich die Bonität keines persönlichen Schuldners auf viele Jahre hinaus sicher vorhersehen.

1.63 **Oberhalb von etwa 80 % des Beleihungswerts** abgesicherte Darlehen oder Darlehensteile sind hingegen **als Personalkredit** anzusehen. Ihre Sicherheit hängt weitgehend von der Bonität des persönlichen Schuldners oder – wie mitunter bei Leasingfinanzierungen – wegen Abtretung der Miete von der Bonität des langfristigen Mieters des belasteten Beleihungsobjekts ab. Die Sicherung im Grundbuch reicht für die Bonität dieser hoch auslaufenden Darlehensteile mitunter allein nicht aus. Sie kann natürlich im Laufe der Jahre durch Tilgungen auf die vorausgehenden Darlehen oder durch Wertsteigerung der Beleihungsobjekte an Gewicht gewinnen. Im Rahmen des Außerdeckungsgeschäftes können auch reine Hypothekenbanken bis zum vollen Verkehrswert beleihen (§ 5 Abs. 1 Ziff. 2 in Verbindung mit § 1 Ziff. 1 HBG).

1.7 Was muß der Beleihungswert leisten?

1.71 Im Mittelpunkt des – langfristigen – Hypothekarkredits, der hinsichtlich der ersten drei Fünftel (§ 11 HBG) des Beleihungswerts **(Realkredit im engeren Sinne)** als ein Pfandleihgeschäft angesehen werden kann, steht somit der Natur der Sache nach der Wert, den die Hypothekarinstitute den zu beleihenden Immobilien auf der Grundlage von geeigneten Sachverständigengutachten (**ermittelte** Beleihungswerte) beimessen – „der bei der Beleihung angenommene Wert" **(von der Bank festgesetzter Beleihungswert)**. An ihm orientiert sich das Ausmaß der hypothekarischen Beleihung **(Beleihungsraum, Beleihungsgrenze)** und deren Refinanzierung durch Pfandbriefe (Deckungsdarlehen), ungedeckte Schuldverschreibungen (Außerdeckungsdarlehen) oder – bei Sparkassen – durch mündelsichere Spareinlagen etc. Dieser Beleihungswert soll die ausgereichten Darlehen bis zur vollständigen Tilgung, gewöhnlich nach dem Annuitätensystem (Zinszahlung und Tilgungszuschlag, der sich laufend durch die im Zuge der Tilgung ersparten Zinsen erhöht), im Laufe von je nach Zinssatz und Ausmaß des Tilgungszuschlages bis zu etwa 40 Jahren langfristig absichern.

Der Beleihungswert kann deshalb **nicht** mit dem jeweiligen aktuellen, stichtagsbezogenen Verkehrswert (Marktwert), der den Schwankungen und Spekulationen der Märkte für Immobilien unterliegt, gleichgesetzt werden. Nicht dauerhafte Einflüsse und spekulative Preis- und Wertaufschläge müssen vielmehr unberücksichtigt bleiben. Voraussichtliche Preisrückgänge sollten dagegen möglichst frühzeitig bedacht werden. Die konjunkturellen Marktschwankungen müssen geglättet werden. Der Wertrückgang der beliehenen Immobilien durch normale Altersabnutzung, wirtschaftliche Veralterung (Modernitätsverlust) und dauerhafte Marktverschlechterungen muß geringer sein als der normale Tilgungsverlauf der Beleihung.

Der Beleihungswert bestimmt also **die Realkreditgrenze**. Ferner ist er eine **Richtschnur für die Absicherung nachstelliger Beleihungen**.

1.72 Auf der besonderen Sicherheit des Realkredits im engeren Sinne – abgesichert innerhalb von 60 % des Beleihungswerts – beruht die **Qualität des Deckungsstocks (§ 6 HBG) für die Pfandbriefe**, mit denen sich ein Teil der Hypothekarinstitute (Hypothekenbanken, Landesbanken) am Kapitalmarkt relativ günstig refinanziert. Dieses **Deckungsprinzip** unter Zwischenschaltung eines **staatlichen Treuhänders** (§§ 29–32 HBG) und mittels des besonderen **Konkursvorrechts** (§ 35 HBG) ist, zusammen mit der bekannt vorsichtigen Bewertung der Beleihungsobjekte eine der Säulen, auf denen die hohe Qualität und die Achtung dieser inzwischen weltweit anerkannten Refinanzierungspapiere beruht. Das ist auch der Grund dafür, daß der Gesetzgeber den Pfandbriefinstituten die Bewertung der Beleihungsobjekte nicht ganz selbst überläßt, sondern im § 12 HBG eine vorsichtige Bewertung ausdrücklich vorschreibt. Bei den privatrechtlichen Hypothekenbanken überwacht dies das BAKred sogar noch mit regelmäßigen Deckungsprüfungen. Mit diesen Zusammenhängen haben sich bei der Beurteilung verschiedener Pfandbriefinstitute inzwischen auch die Ratingagenturen ausführlich befaßt. Sie haben auf die Notwendigkeit hingewiesen, die besondere Sachkenntnis der für die Hypothekarinstitute tätigen Immobiliensachverständigen nachzuweisen und herauszustellen. Unter anderem deshalb wurde 1996 mit der Gründung der Hyp Zert GmbH für diese Sachverständigen neben einer geregelten zusätzlichen Ausbildung bei der Bank- und bei der Sparkassenakademie sowie der Akademie Deutscher Genossenschaften eine anschließende Zertifizierung nach der Euronorm 45013 aufgebaut (Qualitätsoffensive!). Näheres findet sich in den Studienbriefen „Sachverständigenwesen in Deutschland und Europa“ und „Hypothekenbanken“ (Nr. 10).

2 Von Preisen zu Werten, Wertbegriffe

2.1 Wie entstehen Preise und Werte?

2.11 Preisbildung von Massengütern

Preise entstehen an freien Märkten. Märkte sind die ökonomischen Orte, an denen sich Angebot und Nachfrage begegnen und Preise (heute durchwegs in Geld ausgedrückt) herausbilden, zu denen dann die Güter und Dienstleistungen umgesetzt werden. Wenn Märkte durch über reine Ordnungsmaßnamen hinausgehende staatliche Eingriffe degradieren, sinken sie mehr oder weniger zu Verteilungsstellen ab. Echte Preise entstehen dann – gewöhnlich mit erheblichen Risikoaufschlägen – nur an den sogenannten schwarzen Märkten. Hier werden die Preise in Zeiten des Geldwertverfalls entweder in fremder Währung oder in bestimmten besonders knappen Gütern, etwa wie nach 1945 in Zigaretten, ausgedrückt.

Für die Preise von vertretbaren, in ihrer Qualität gut einzuordnenden Massengütern sind die Herstellungskosten des Grenzanbieters und das Gebot des Grenzkäufers maßgebend, das sind die Marktteilnehmer, zu deren Preisvorstellungen das größte Volumen der angebotenen Waren und Dienstleistungen umgesetzt und das größte Ausmaß an Nachfrage befriedigt werden kann. (Näheres sie u. a. Handbuch Nr. 19, S. 148 ff.).

2.12 Die Preisbildung von Immobilien

▷ Die Entstehung der Preise für Immobilien **fußt** demgegenüber vornehmlich **auf den Geboten der Nachfrage**, da es für den Grund und Boden, der Teil aller Immobilien ist, von wenigen Ausnahmen abgesehen (etwa neu eingedeichtes Land), keine den Preis auf die Dauer nach unten begrenzende Erzeugungs- oder Herstellungskosten gibt, bei deren Unterschreitung die angebotene Menge zwangsläufig abnimmt. Der Boden ist als solcher von Anfang an da. Er muß nur urbar gemacht, verkehrsmäßig angebunden und für die vorgesehene Nutzung (land- und forstwirtschaftlich, Bebauung oder Ausbeutung etc.) hergerichtet und erschlossen werden.

▷ **Die Gebote der Nachfrage orientieren sich an den Nutzungsmöglichkeiten** des jeweiligen Grundstücks; sei es land- oder forstwirtschaftlich, sei es durch Entwicklung zu höherwertigen Zustandsstufen, etwa für eine Bebauung und Eigenbezug (u. a. Eigenheime, Bürogebäude, Industrieobjekte), oder für eine Bebauung zur Vermietung (Mietwohnhäuser, gewerblich genutzte Objekte aller Art), sei es schließlich durch Abbau der Bodensubstanz (Lehm, Kies etc.). Immobilienpreise und -werte sind deshalb letztlich Ertragswerte oder, anders gesagt, nach dem Ausmaß der Knappheit und dem mit der Nutzung verbundenen Risiko kapitalisierte Nutzungsmöglichkeiten.

▷ Außerdem **neigt der Boden zu oligopolistischer Preisbildung** (Angebotsoligopol – wenige bieten an, viele fragen nach (Nr. 19, S. 151) –; denn Boden

- kann als solcher auf der Erde und im einzelnen Land nicht spürbar vermehrt werden;

- läßt sich nicht an die Stellen erhöhten Bedarfs transportieren, weshalb die lokalen Teilmärkte für die Boden- und Immobilienpreise maßgebend sind.
- Kapitalschwache Eigentümer können größere Vorratsflächen, die gewöhnlich nur einen im Vergleich zu ihrem Wert geringen laufenden Ertrag abwerfen, nicht lange Zeit halten.
- Verfügbares Vorratsland befindet sich deshalb häufig in relativ wenigen, meist kapitalkräftigen Händen (Staat, Kommunen, alte Grundbesitzerfamilien, Stadtrandlandwirte, alteingesessene Unternehmen, Kirchenstiftungen und dergleichen), die in Zeiten schlechter Bodenpreise ihr Angebot deutlich reduzieren können;
- **Trotzdem:** Bauland ist am Rande der Städte durch Neuerschließung sehr wohl vermehrbar; die Kommunen müssen das nur wollen. Politisch stößt das allerdings mitunter auf den Widerstand vieler Bürger. In den letzten 50 Jahren kann man in den größeren Städten Deutschlands durchaus eine unterschiedliche Politik bei der Erschließung neuen Baulands beobachten.
- Kaum vermehrbar sind allerdings die Grundstücke in den zentralen Geschäftszentren alter Städte. Die Bedeutung dieser Lagen hat jedoch in den letzten 20 Jahren durch die vielen neuen Einkaufsmärkte außerhalb der Stadtzentren teilweise abgenommen.

▷ **Faßt man zusammen:** Die sogenannte „Grundrente“, das ist der laufende Ertrag von Grund und Boden, ist in den gesuchten Lagen, mit welcher Nutzung auch immer, wegen der hohen Bodenpreise durchwegs niedrig. Die Chancen für zusätzliche Spekulationserträge aus dem Besitz von Grund und Boden sind in Gebieten mit hoher Zuwanderung, vor allem in wachsenden Städten und bei anziehender Konjunktur, in der Regel beträchtlich. Das gilt besonders, wenn Grundstücke in eine höhere Nutzungsmöglichkeit aufgezont werden. Solche Chancen der Wertsteigerung in größerem Umfang zu nutzen, erfordert rechtzeitige Informationen und „einen langen Atem“. Umgekehrt sind natürlich die entsprechenden Risiken nicht zu vernachlässigen. In rezessiven Perioden oder in Gebieten mit abnehmender Bevölkerung – wie derzeit in weiten Teilen der neuen Bundesländer –, kann man mit Grundstücken, insbesondere bei hoher Fremdfinanzierung, sehr rasch viel Geld verlieren.

2.13 Aus Preisen werden Werte

▷ Für viele wichtige Güter werden die an den Märkten erzielten Preise in den Zeitungen oder in Spezialveröffentlichungen bekanntgegeben. Mitunter entstehen sie für genau festgelegte Qualitäten an Spezialbörsen oder ähnlichen völlig transparenten Vermarktungen (beispielsweise: Wertpapiere, Getreide, Vieh, Öl). Damit werden diese Preise für jedermann rasch erkennbar. **Anhand solcher Preise bewerten die Bürger durch einfache Vergleiche ihren eigenen Besitz.** Sie unterstellen, daß sie für ein bestimmtes Gut auf einem funktionierenden Markt in einer angemessenen Vermarktungszeit denselben Preis bekommen.

▷ **So entstehen aus dem Durchschnitt vieler Einzelpreise** Wertvorstellungen und **allgemein anerkannte Marktwerte**, die dann in vielfältige private (Vermögensdispositionen, Erbauseinandersetzungen und dergleichen) und geschäftliche (Beurteilung der Wirtschaftskraft, der Kreditwürdigkeit und dergleichen) Überlegungen und Transaktionen einfließen.

Bewerten ist also zunächst **ein einfacher und direkter Vergleich mit dem Durchschnitt der am – normal funktionierenden – Markt für dasselbe Gut tatsächlich erzielten Preise.**

▷ Solche **direkten Preisvergleiche** sind nur für Güter möglich, die unter sich weitgehend gleich sind und in großem Umfang vorkommen. **Am Immobilienmarkt** ist das **nur selten** der Fall, bis zu einem gewissen Grad bei gleichartigen Reiheneigenheimen in einer bestimmten Lage, bei ähnlichen Eigentumswohnungen (Vorsicht, Wertunterschiede oft bereits bei unterschiedlicher Besonnung) und beim Verkauf von neu erschlossenen Baugrundstücken in einem größeren Neubaugebiet. In der Regel sind **Immobilien sehr individuelle Güter**, je nach Lage, Größe, Bauausführung, Einteilung, Nutzung und etwaiger Vermietung. Fast jede Immobilie ist anders. Ein direkter Preisvergleich scheidet damit meistens aus.

▷ Deshalb **werden Immobilien** für die Bewertung **geistig in ihre Einzelteile zerlegt**,

- beispielsweise in Grundstück, Gebäude, Außenanlagen und dergleichen. Diese Einzelteile werden dann im direkten Vergleich – falls nötig nach einer gewissen Umrechnung zur Anpassung von Unterschieden, etwa bei der baulichen Nutzungsmöglichkeit von Grundstücken – mit den am Markt beim Verkauf anderer Immobilien für deren geistige Einzelteile im Durchschnitt erzielten Preisen bewertet und die einzelnen Werte zum Substanzwert der Immobilie, auch Sachwert genannt, zusammengesetzt. Diese meist **Sachwertverfahren** genannte Methode bezeichnete man deshalb früher auch als **Zerlegungstaxe**.
- Entsprechend werden die Nutzflächen nach ihren unterschiedlichen Ertragserwartungen (Mieten) aufgegliedert und daraus mit den aktuellen Mieten unter Abzug der anfallenden Bewirtschaftungskosten der insgesamt zu erwartende Jahresreinertrag errechnet. Den kapitalisiert man dann mit einem laufenden Zinssatz (Liegenschaftszins), der aus dem Vergleich mit am Markt umgesetzten gleichartigen Immobilien gewonnen wurde und von den Gutachterausschüssen nach den §§ 192 und 193 BauGB regelmäßig veröffentlicht wird, und erhält so den **Ertragswert**. Dieser ist nichts anderes als **ein mittelbarer Marktvergleich anhand der Erträge** bzw. der Ertragsmöglichkeiten **und der laufenden Liegenschaftsverzinsung** (siehe auch Kapitel 9).

  Die Makler machen sich es für überschlägige Bewertungen noch einfacher. Sie teilen bei echten Verkäufen den Preis durch die Jahresmiete (Brutto-, Netto- oder Nettonettomiete s. u.) und verwenden das so erhaltene Jahresvielfache für die Bewertung anderer, vergleichbarer Objekte (Maklermethode). Vgl. Kleiber (Nr. 16, S. 1317 ff.).

2.14 **Investitionsaufwand, Preis und Wert**

Wer Vermögen wirtschaftlich sinnvoll investieren will, muß das richtige Verhältnis von Investitionsaufwand und erwartetem Ertrag erreichen. Er darf nicht mehr Kapital investieren, als sich aus dem künftigen Ertrag nach Abzug aller Kosten einschließlich einer angemessenen Abschreibung sicher und auf längere Zeit zumindest branchenüblich verzinst, rentiert. Er darf aber auch nicht weniger investieren, als zur nachhaltigen, vollen Ertragsfähigkeit der Investition, etwa einer Immobilie, notwendig ist. Ist zu viel investiert, so ergibt sich eine zu geringe Rendite und im Verkaufsfall wird der Erlös nicht das ganze investierte Kapital zurückliefern; liegt der Investitionsaufwand bei qualitativ guter Ausführung unter dem Branchendurchschnitt, wird nicht nur eine überdurchschnittliche Rendite erreicht, sondern im Verkaufsfall ein deutlich über dem einstigen Aufwand liegender Erlös, ein Verkaufsgewinn, erzielt.

Die Höhe der Investition in ein Objekt kann deshalb alleine keine Grundlage für dessen Wert sein. Sie gibt bestenfalls die Größenordnung an. Gerade bei Immobilien, insbesondere bei eigengenutzten Immobilien, sind aus rein privaten Gründen hohe, im Verkaufsfall uneinbringliche Investitionen weit verbreitet; dazu gehören heute unter anderem die meisten Schwimmbäder in Privathäusern, besondere Innenausstattung vor allem in Küchen und Bädern und aufwendige Gartenanlagen. Diese „unrentierlichen" Investitionen können schon bei der Ermittlung von Marktwerten nur relativ geringfügig angesetzt werden und müssen bei der Ermittlung von Beleihungswerten weitgehend unberücksichtigt bleiben.

Ähnlich sind auch stark subventionierte Wohnobjekte mit dementsprechend gedrückten Mieten zu betrachten. Der Aufwand war nur durch die Subvention möglich. Ein Erwerber zahlt später nur einen aus dem Ertrag dauerhaft rentierlichen Preis. Dementsprechend ist auch der Beleihungswert zu ermitteln. (Siehe auch Nr. 19, S. 157 f.).

Der sich bei einem Verkauf/Kauf einer Immobilie **im Einzelfall ergebende Preis** deckt sich nicht unbedingt mit dem von einem sorgfältigen und fachkundigen Gutachter ermittelten Marktwert, weil bei dem konkreten Verkauf alle individuellen Gegebenheiten des Geschäfts, insbesondere die jeweiligen Konkurrenzverhältnisse, in den Preis mit einfließen. Weicht aber der Kaufpreis einer zuvor bewerteten Immobilie erheblich vom durch den Gutachter ermittelten Marktwert ab, ist das schon ein Anlaß für eine Prüfung, woran eine solche starke Abweichung liegt; etwa an den Umständen des Einzelfalls oder an der zu optimistischen/pessimistischen Beurteilung durch den Gutachter.

2.2 Wertbegriffe

2.21 **Der Marktwert**

Dieser Wertbegriff scheint sich in Europa rasch für den aktuellen Wert eines Gutes durchzusetzen. Er entsteht in der gezeigten Weise als Durchschnitt der an einem bestimmten Zeitpunkt im gewöhnlichen Geschäftsverkehr erzielten oder sicher erzielbaren Preise. Ausgesprochene Ausreißer, bei denen anzunehmen ist, daß bei ihrer Preisbildung besondere, nicht allgemein gültige, häufig sehr persönliche Umstände mitgewirkt haben (etwa Verkäufe unter Verwandten oder besondere steuerliche Umstände und dergleichen), bleiben bei der Bildung des Durchschnittspreises unberücksichtigt.

Für den Marktwert gibt es bei der Immobilienbewertung folgende Definitionen:
▷ Von der Europäischen Union:
„Unter Marktwert ist der Preis zu verstehen, der zum Zeitpunkt der Bewertung auf Grund eines privatrechtlichen Vertrages über Bauten oder Grundstücke zwischen einem verkaufswilligen Verkäufer und einem ihm nicht durch persönliche Beziehungen verbundenen Käufer unter den Voraussetzungen zu erzielen ist, daß das Grundstück offen am Markt angeboten wurde, daß die Marktverhältnisse einer ordnungsgemäßen Veräußerung nicht im Wege stehen und daß eine der Bedeutung des Objekts angemessene Verhandlungszeit zur Verfügung steht" (91/647/EWG).

▷ **Von TEGoVA** (der Europäische Zusammenschluß der Verbände der Immobilienbewerter) im sogenannten Blue-Book (Approved European Property Valuation Standards):
„Der Marktwert soll den Preis bezeichnen, zu welchem Grundstücke und Gebäude gemäß privatem Vertrag von einem verkaufsbereiten Veräußerer an einen unabhängigen Käufer am Tage der Bewertung verkauft werden könnten, wobei die Annahme zugrunde gelegt wird, daß die Immobilie öffentlich auf dem Markt angeboten wird, daß die Marktbedingungen eine ordnungsgemäße Veräußerung ermöglichen und daß für die Aushandlung des Verkaufs ein im Hinblick auf die Art der Immobilie normaler Zeitraum zur Verfügung steht". (TEGoVA, Anerkannte europäische Standards für Immobilienbewertung, Nr. 25, S. 15, London 1998 und European Valuation Standards 2000, Nr. 26, S. 30, London 2000).

In ihrer Aussage unterscheiden sich die beiden Definitionen nicht. Es gibt und gab in den letzten Jahren, meist bedingt durch unterschiedliche Übersetzungen des englischen Originaltextes, auch weitere, ähnlich lautende Definitionen.

Ein sachlicher Unterschied läßt sich in der Regel nicht feststellen.

2.22 Der Verkehrswert

Dieser nur in Deutschland gebräuchliche Wertbegriff wurde früher auch als „Gemeiner Wert" bezeichnet und ist heute in § 194 Baugesetzbuch wie folgt definiert (siehe u.a. Kleiber, Nr. 16, S. 96):

„Der Verkehrswert wird durch den Preis bestimmt, der in dem Zeitpunkt, auf den sich die Ermittlung bezieht, im gewöhnlichen Geschäftsverkehr nach den rechtlichen Gegebenheiten und tatsächlichen Eigenschaften, der sonstigen Beschaffenheit und der Lage des Grundstücks oder des sonstigen Gegenstandes der Wertermittlung ohne Rücksicht auf ungewöhnliche oder persönliche Verhältnisse zu erzielen wäre."

Bei genauer Betrachtung bezeichnen die beiden Begriffe, Marktwert und Verkehrswert, dasselbe; nämlich den aktuellen Wert – als Durchschnitt zu erwartender Kaufpreise, ohne Ausreißer (Kleiber) – am vom Auftraggeber der Bewertung festgelegten Bewertungsstichtag. Das Wort Marktwert ist wohl etwas leichter verständlich und wird deshalb international bevorzugt. Es ist zu erwarten, daß es sich in absehbarer Zeit auch bei uns an Stelle des Wortes Verkehrswert durchsetzen wird. (Näheres zum Verkehrswert siehe Studienbrief „Verkehrswert nach WertV und andere Verfahren", Nr. 11, S. 8ff.; Kleiber u.a. Nr. 16, Köln 1998 und in vielen anderen einschlägigen Veröffentlichungen).

Manche Sachverständige versuchen, dem Verkehrswert wegen der Forderung „nachhaltiger Mietansätze" in § 17 WertV eine gewisse Dauerhaftigkeit beizulegen und ihm seine Stichtagsbezogenheit zu nehmen. Diese Stichtagsbezogenheit wird vom Verkehrswert aber erwartet. Wer ein Grundstück kaufen oder verkaufen will oder eine Erbauseinandersetzung zu regeln hat oder den Wert eines Grundstücks benötigt, um es beispielsweise aus einer Bilanz herauszunehmen, braucht den Grundstückswert an einem bestimmten Tag. Dem Streben nach einer gewissen Nachhaltigkeit sind deshalb in der Verkehrswertermittlung sehr enge Grenzen gesetzt. Sie können nur in dem Umfang berücksichtigt werden, in welchem das die Marktpartner im Bewertungszeitpunkt auch tun und wie es bei der Preisbildung wirksam wird. Natürlich wird jeder Kaufinteressent die Mieten eines Kaufobjekts daraufhin untersuchen, ob er aus der Sicht des Bewertungszeitpunkts auch in Zukunft mit ihrem ungeschmälerten Eingang rechnen kann. Viel Spielraum für besondere Abschläge bleibt ihm dabei gewöhnlich nicht. Bei ausgeglichenem Markt und erst Recht in Boomzeiten, wenn die Verkäufer eine starke Marktstellung besitzen und die Renditeerwartungen relativ niedrig sind, würde ein Kaufinteressent bei zu vorsichtiger Kalkulation nämlich rasch von einem Konkurrenten überboten. Die Verkehrswerte sind deshalb zwangsläufig marktnah und damit stichtagsbezogen zu ermitteln.

Nur bei stark fallendem Markt lassen sich im unteren Bereich der Baisse nennenswerte Abschläge durchsetzen. In solchen Zeiten stehen die Verkehrswerte aber oft insgesamt auf schwachen Füßen, denn ein „gewöhnlicher Geschäftsverkehr" findet dann erfahrungsgemäß vielerorts nicht oder nur eingeschränkt statt. Statt dessen bestimmen die Preise aus Notverkäufen und Zwangsverwertungen den Markt.

Man kann den Verkehrswert auch ganz einfach als den Durchschnitt der für das zu bewertende Objekt bei einer „öffentlichen" Ausschreibung zu erwartenden, ernst zu nehmenden und fundierten Kaufangebote ansehen. Der „Durchschnitt" bedeutet aber, daß ein erheblicher Teil der Gebote unter dem Verkehrswert liegen wird. Orientierten sich die Beleihungen unmittelbar an den Verkehrswerten, würden sie demnach in vielen Fällen zu hoch liegen.

Vielleicht ist der deutsche Verkehrswertbegriff durch seine lange Verwendung, seine umfangreiche Kommentierung, seine Bindung an die in Deutschland bei den Gutachterausschüssen nach den §§ 192 und 193 BauGB erhältlichen Unterlagen und durch seine rechtliche Würdigung in vielen Gerichtsurteilen für die heute europaweit geforderten, zwangsläufig auf unterschiedlichen lokalen Traditionen und Daten aufbauenden Wertermittlungen schon zu stark eingeengt. Ein als „Marktwert" bezeichneter, im Detail noch wenig beschriebener Wertbegriff gewährt mehr Freiheit. Ein ins Gewicht fallender sachlicher Unterschied zwischen den Begriffen „Verkehrswert" und „Marktwert" ist aber nicht zu erkennen.

2.23 Open Market Value (OMV)

Dieser im angelsächsischen Bereich übliche Wertbegriff ist im Red Book der Chartered Surveyors folgendermaßen definiert (siehe Studienbrief „Europäische Immobilienmärkte und Bewertungsverfahren", Nr. 9):
„Eine Vorstellung zum besten Preis, zu dem man am Bewertungsstichtag einen Verkauf der Immobilie bedingungslos und gegen Geldzahlung (Cash) hätte vollziehen können, unter folgenden Annahmen:
- ein verkaufswilliger Verkäufer;
- ein angemessener Vermarktungszeitraum **vor dem Tag** der Bewertung (unter Berücksichtigung der Art der Immobilie sowie der Marktverhältnisse), um den Kaufpreis sowie den Kaufvertrag auszuhandeln und um den Verkauf zu vollziehen;
- die Marktverhältnisse und -werte waren zum Zeitpunkt, als man die Kaufverträge tauschte („exchange of contracts"), identisch mit denen am Bewertungsstichtag;
- Kaufangebote von möglichen Käufern mit persönlichen Interessen bleiben unberücksichtigt;
- beide Partner kennen zum Zeitpunkt der Transaktion alle relevanten Tatsachen und verhandeln mit kaufmännischer Vorsicht sowie ohne Zwang".

Auch dieser Open Market Value ist letztlich nichts anderes als der jeweilige Marktwert. Rein wörtlich („der beste Preis") liegt er im oberen Bereich des Streukegels der Verkaufspreise. In der Praxis wird er von erfahrenen englischen Sachverständigen offensichtlich relativ pragmatisch gehandhabt. Gibt der Verkäufer den Bewertungsauftrag, wird das Gutachten im oberen Bereich des in jedem Fall vorhandenen Ermessensspielraums liegen; für einen Kaufinteressenten wird der Wert etwas niedriger ausfallen. Die letzte Wegstrecke der Einigung ist dann Sache der beiden Kontrahenten. Auch deutsche Sachverständige nutzen, bei allem Bemühen um Objektivität, den vorhandenen Ermessensspielraum zu Recht in ähnlicher Weise.

Für eine langfristige Beleihung durch eine Bank bewerten nach unserer Kenntnis auch die regelmäßig für Banken tätigen englischen Sachverständigen das gleiche Objekt schon aus Haftungsgründen – je nach Risiko – deutlich niedriger als den Open Market Value. Ein gesetzlich definierter eigener Wertbegriff, entsprechend unserem Beleihungswert, ist dafür in England nicht erforderlich, weil es keine enge Verknüpfung der Bewertung der Beleihungsobjekte mit der Sicherheit von – in England in dieser Form unbekannten – als Vermögensanlage der gesamten Bevölkerung weit verbreiteten Pfandbriefen und mit Privilegien bei der Eigenkapitalunterlegung gibt.

Es sind aber durchaus weitere Wertbegriffe bekannt. Etwa der Zwangsversteigerungswert (Forced Sale Value) oder der mit dem englischen Bankenverband abgestimmte, in der Regel etwas unter dem OMV liegende „Estimated Realisation Price" (ERP), bei dem der vom Gutachter einzuschätzende Vermarktungszeitraum **erst am Bewertungsstichtag beginnen** soll (OMV: **vor dem Bewertungsstichtag**).

2.24 **In Frankreich** und den **Niederlanden** gehen die Banken üblicherweise von einem **marktnahen Wert der als Kreditsicherheit dienenden Immobilien** aus. Für langfristige Beleihungen mit aus dem Verkauf von Obligationen stammenden Mitteln wird in Frankreich – wohl selten – ein pauschaler Risikoabschlag vorgenommen.

Zu weiteren Wertbegriffen insbesondere in Großbritannien, Frankreich und in den Niederlanden siehe Studienbrief „Europäische Immobilienmärkte und Bewertungsverfahren" (Nr. 9, S. 22ff.) und die Publikationen des Europäischen Hypothekenverbandes, insbesondere Nr. 4 und Nr. 7; und Stöcker O. (Nr. 24).

2.25 **Der Beleihungswert in Deutschland:**

▷ Er ist in § 12 Abs.1 HBG wie folgt definiert (Abs. 1 seit mehr als hundert Jahren, Abs. 2 seit dem Jahre 1963):

Abs. 1: „Der bei der Beleihung angenommene Wert des Grundstücks darf den durch sorgfältige Ermittlung festgestellten Verkaufswert nicht übersteigen. Bei der Feststellung dieses Wertes sind nur die dauernden Eigenschaften des Grundstücks und der Ertrag zu berücksichtigen, welchen das Grundstück bei ordnungsmäßiger Wirtschaft jedem Besitzer nachhaltig gewähren kann."

Abs. 2: „Liegt eine Ermittlung des Verkehrswertes auf Grund der Vorschriften der §§ 192 – 199 des Baugesetzbuchs vor, so soll dieser bei der Ermittlung des Beleihungswertes berücksichtigt werden".

▷ Im Studienbrief „Verkehrswert nach WertV und anderen Verfahren" (Nr. 11) steht dazu auf S. 10 zutreffend folgendes:

„Der Beleihungswert findet im Zusammenhang mit langfristigen Immobilienbeleihungen Verwendung. Er hat eine andere Zweckbestimmung als der Verkehrswert. Bei seiner Ermittlung dominieren die speziellen risikoorientierten Fragen und Sicherheitsbedürfnisse der kreditgebenden Seite, d.h. von Banken, Versicherungen, Bausparkassen etc. Diese Anforderungen können in der

Regel nicht durch den Verkehrswert oder ähnliche Marktbegriffe erfüllt werden".

▷ In seinem mit dem BAKred abgestimmten **Grundsatzpapier zum Beleihungswert** von Immobilien (siehe Teil II) legt der Verband deutscher Hypothekenbanken für den Beleihungswert folgende Definition zugrunde:
„Der Beleihungswert eines Grundstücks ist der Wert, von dem aufgrund der aus dem Marktgeschehen abgeleiteten Erkenntnis zum Bewertungszeitpunkt auf der Basis der dauerhaften, zukunftssicheren Merkmale mit hoher Sicherheit erwartet werden kann, daß er über einen langen, in die Zukunft gerichteten Zeitraum im normalen Geschäftsverkehr realisiert wird".

▷ Die Definition des Beleihungswerts in § 12 HBG macht deutlich auf die in der Bewertung für den Hypothekarkredit liegende **längerfristige Verantwortung** aufmerksam, fordert eine **Begrenzung der Risiken** und legt den Verkehrswert nach § 194 BauGB nur als obere Grenze fest; so jedenfalls die Auslegung des BAKred (Kerl, Nr. 14, S. 96). Damit ist aber auch gesagt, daß der vom Sachverständigen zu ermittelnde und vorzuschlagende Ausgangswert für die Beleihung **(ermittelter Beleihungswert)**, der im Hypothekenbankgesetz auch „Verkaufswert" genannt wird, in der Regel vorsichtiger als der auf den Bewertungsstichtag abgestellte Verkehrswert sein sollte. Die endgültige Festlegung des Beleihungswerts erfolgt in Anlehnung an den als Obergrenze anzusehenden Vorschlag des Sachverständigen gewöhnlich durch den jeweiligen Kompetenzträger der Bank **(festgesetzter Beleihungswert)**.

▷ Alle Berechnungen des Beleihungswerts benötigen also gewisse „Bremsen" (Näheres siehe Grundsatzpapier in Teil II und folgende Ziffer 5). Der Beleihungswert und die Beleihungsgrenze müssen grundsätzlich etwas Spielraum für spätere allgemeine Preisrückgänge und Wertminderungen – etwa infolge aufgelaufenen Reparaturstaus und/oder Mietverfalls bei einer schlechten Verwaltung – belassen. Diese Vorsorge wird mit „nachhaltig" bezeichnet. Die Beleihungswerte sollten – um bei der Betrachtung zu bleiben – sich im allgemeinen, je nach dem mit dem zu beleihenden Objekt verbundenen Risiko, mehr oder weniger unterhalb der zu erwartenden Kaufangebote (s.o. Ziff. 2.21) und damit des Marktwertes bewegen.

2.26 Der Europäische Beleihungswert (EMLV)

▷ Inzwischen hat im Interesse einer größeren Transparenz, vor allem wegen der Zunahme von grenzüberschreitenden Beleihungen in Europa, eine aus Bewertungsexperten verschiedener EU-Mitgliedsstaaten zusammengesetzte Sachverständigengruppe des Europäischen Hypothekenverbandes eine Studie über die Immobilienbewertung in der EU zusammengestellt und eine gemeinsame „Philosophie" für einen europäischen Beleihungswert (European Mortgage Lending Value, EMLV) ausgearbeitet, mit dem Ziel, die Interessen von Darlehensgebern, Darlehensnehmern und Aufsichtsbehörden im Hinblick auf die

Grundsätze widerzuspiegeln, auf denen die Bewertung in allen Mitgliedsstaaten basieren sollte.

▷ Hier das Ergebnis (Zitat aus der Studie):
„*Philosophie:*
Hinter einem EMLV steht der Gedanke, daß ein solcher Wert im langfristigen Interesse des Darlehensnehmers, des Kreditinstituts und der Aufsichtsbehörden liegen sollte.

Die Darlehensgeber sind auf die Bewertung angewiesen, wenn sie die Eignung einer Immobilie für die besicherte langfristige Hypothekarkreditvergabe ermitteln. Die Bewertung ist auch ein entscheidender Faktor bei der Festsetzung des Betrages eines vom Darlehensgeber ausgereichten Darlehens.

Der ELMV sollte verschiedene Methoden zur Berechnung des Beleihungswerts vorsehen und auf individueller Basis die Marktlage der betreffenden Mitgliedsstaaten berücksichtigen.

Auf dieser Grundlage durchgeführte Bewertungen sind erforderlich, damit der Hypothekarkreditgeber in der Lage ist, vorsichtige Kreditgewährungsentscheidungen zu treffen, wenn er Kredite durch Grundstückshypotheken sichert.

Grundsätze:
Der ELMV sollte
1. *eine vorsichtige Bewertung der künftigen Marktfähigkeit der Immobilie einschließen;*
2. *versuchen, spekulative Elemente zu ermitteln und zu eliminieren (zum Beispiel: Risiken, die sich aus der Volatilität der Immobilienmärkte ergeben);*
3. *die normale und lokale Marktlage widerspiegeln. Grundlage für die Bewertung ist die gegenwärtige Marktsituation;*
4. *hauptsächlich auf langfristigen (nachhaltigen) Aspekten basieren (zum Beispiel: Qualität der Lage und des Gebäudes, seine Art und Größe, Bebauungsplan/Flächenaufteilungsstand (zoning status), baulicher Zustand, nachhaltiger Mietwert;*
5. *die derzeitige Verwendung und nach Möglichkeit geeignete alternative Verwendungen berücksichtigen;*
6. *auf transparenten und deutlich erklärten Bewertungsmethoden beruhen;*
7. *von Gutachtern mit angemessener Sachkenntnis ermittelt werden.*“

Das Konzept des EMLV spiegelt die allgemeinen Grundsätze wider, nach denen alle Bewertungen zu Beleihungszwecken vorgenommen werden sollten, und trägt zu einer Annäherung zweier Schulen bei, von denen die eine für den

Marktwertansatz und die andere für den letztlich vorgeschlagenen vorsichtigeren Beleihungswertansatz eintritt.

Diesen Ausführungen, die sich weitgehend mit der deutschen Auffassung vom Beleihungswert decken, ist nichts hinzuzufügen. Siehe auch „European Valuation Standards 2000" (Nr. 26, Standard 6) und Teil II, „Ermittlung des Beleihungswertes auf der Grundlage ausländischer Bewertungen (S. 113ff.).

3 Das Wesen des Beleihungswerts

3.1 Zwei Wege führen heute zum Beleihungswert

Bekanntlich führen viele Wege nach Rom. Jeder Reisende muß sich für einen dieser Wege entscheiden. Nicht anders ist es bei der Ermittlung angemessener Beleihungswerte. Hier kann man sich auch viele Methoden ausdenken, etwa die Heranziehung der Verkehrswerte unter Beleihung mit relativ niedrigen aber unterschiedlichen Beleihungsquoten (z. B. Wohnungsbau 50%, Gewerbeobjekte 40%). Der Gesetzgeber hat aber vor über hundert Jahren aus guten Gründen für den Realkredit im engeren Sinne die einheitliche Beleihungsquote von maximal 60% festgelegt. Größere unterschiedliche Objektrisiken müssen deshalb im wesentlichen in den Werten zum Ausdruck kommen. Je risikoreicher ein Beleihungsobjekt ist, um so größer sollte grundsätzlich der Abstand zwischen Marktwert und Beleihungswert sein.

Auf ein Verfahren mußte sich die Kreditwirtschaft mit dem BAKred einigen. Es soll Überbewertungen und zu hohe Beleihungen verhindern, trotzdem genügend flexibel sein, den vornehmlich bei größeren Darlehen, insbesondere für gewerblich genutzte Immobilien, doch recht unterschiedlichen Risiken der einzelnen Objekte gerecht werden und bei vertretbarem Risiko ausreichende langfristige Finanzierungen ermöglichen. Viele Regelungen im Realkredit sind das Ergebnis der Bemühungen, die gegensätzlichen Interessen, **ausreichende Sicherheit des Gläubigers** und **angemessene langfristige Finanzierungsmöglichkeiten für die Darlehensnehmer** sowie eine einfache Überprüfung der Bewertungen durch die Aufsichtsbehörden miteinander in Einklang zu bringen.

In der Praxis gibt es seit vielen Jahrzehnten zwei Wege (Verfahren), siehe die folgenden Ziffern 3.2 und 3.3.

3.2 Relativ hohe, unterschiedliche pauschale Abschläge vom Verkehrswert

3.21 Nach diesem Verfahren arbeiten **heute nur noch kleinere Sparkassen**. Es eignet sich durchaus für deren meist gut überschaubares, in einer den Geschäftsleitern vertrauten Zuständigkeitsregion gelegenes Hypothekargeschäft mit überwiegend Standardobjekten (Eigenheime, Eigentumswohnungen, kleinere Mietwohnobjekte). Die meist vom Bauwert **und** von der Nettomiete (damit im Ergebnis vom Verkehrswert) vorzunehmenden pauschalen Abschläge waren viele Jahre unflexibel (25 – 40%) und vor allem bei gewerblich genutzten Objekten relativ hoch. Inzwischen können sie entsprechend dem jeweiligen Objektrisiko etwas beweglicher gehandhabt werden (§ 18 Abs. 1 Beleihungsgrundsätze der Sparkassen, Nr. 21). Die heute einschlägigen Größenordnungen für diese Abschläge finden sich, teilweise in Tabellenform, bei Stannigel, Krämer, Weyers Beleihungsgrundsätze für Sparkassen (Nr. 21) auf den Seiten 55f., 145 und 475ff. und seien in der folgenden Aufstellung unverbindlich wiedergegeben:

Einfamilienwohnhäuser	10–15 %
Mehrfamilienwohnhäuser	15–25 %
gemischt genutzte Objekte	20–30 %
gewerblich genutzte Objekte	25–40 %

3.22 Es gab auch Vorschläge, grundsätzlich von den Verkehrswerten auszugehen und davon durch die Kreditsachbearbeiter – nicht die Sachverständigen – unterschiedliche Abschläge vornehmen zu lassen, die für die einzelnen Objektarten angeblich nach Erfahrungssätzen in Tabellen festgelegt waren. Dem hat das BAKred mit Recht **nicht** zugestimmt, weil auch im Rahmen von tabellarischen Vorgaben einen solchen Abschlag im Einzelfall nur der Sachverständige selbst, entsprechend dem mit dem zu bewertenden Objekt verbundenen Risiko, festlegen sollte.

3.3 **Das Verfahren nach § 12 HBG**

Nach diesem Verfahren arbeiten die Hypothekenbanken, die meisten Landesbanken, größeren Sparkassen sowie die Versicherungen und die größeren Kreditgenossenschaften. Es ermöglicht eine gute individuelle Beurteilung der Beleihungsobjekte und arbeitet wie im folgenden dargelegt. (Siehe auch Handbuch Nr. 19, S. 18ff.; Kerl GuG 6/95, S. 356ff.). Insbesondere wird ausdrücklich auf das im Teil II abgedruckte „**Grundsatzpapier** des Verbandes deutscher Hypothekenbanken" verwiesen und auf die dort ebenfalls abgedruckten **„Wesentlichen Aspekte der Beleihungswertermittlung"**. Beide Ausarbeitungen sind, wie bereits ausgeführt, mit dem BAKred abgestimmt.

3.31 Es hat permanent eine intensive **Marktbeobachtung** zu erfolgen, was heute durch die gegenüber früheren Jahrzehnten zunehmende Markttransparenz (Marktberichte der Gutachterausschüsse, von Immobilienforschungsinstituten, Banken und großen Maklerfirmen) erleichtert wird.

3.32 Die Hypothekarinstitute müssen sich um das Erkennen und Fortschreiben **langfristiger Marktentwicklungen** besonders bemühen. Das heißt natürlich nicht, daß Erfahrungen aus der Vergangenheit einfach in die Zukunft fortgeschrieben werden. Bei einer grundsätzlichen Änderung der Marktverhältnisse, wie etwa in der ersten Hälfte der neunziger Jahre durch den Beitritt der neuen Länder, die engere Zusammenarbeit der europäischen Staaten und die rasch zunehmende Globalisierung der gesamten Wirtschaft, würde das zu Fehlschlüssen führen. Die neuen Entwicklungen müssen frühzeitig in die Marktbeurteilung eingebunden werden.

3.33 Die **Beleihungsobjekte müssen verkaufsfähig sein**, sie müssen einen Markt haben. Dies geht nicht nur aus dem Wort „Verkaufswert“ in § 12 HBG hervor, es entspricht einfach dem System des Hypothekarkredits. Im Insolvenzfall muß das Darlehen, insbesondere der Realkredit im engeren Sinne, aus dem Verkaufserlös des Beleihungsobjekts zurückgeführt werden können. Dazu muß es verkäuflich sein. Damit scheiden nicht verkaufsfähige Immobilien, wie z. B. Brücken, Kirchen, Friedhöfe, Wassertürme und ähnliches gewöhnlich für die Beleihung aus. Es muß, nach Steffan (Handbuch Nr. 23, S. 45), wenigstens ein Kaufinteressent, wegen der Konkurrenz besser mehrere, sicher zu erwarten sein. Spezialisierte Objekte mit eingeschränkter Verwendungsmöglichkeit erfordern eine sehr sorgfältige Prüfung ihrer Beleihungsfähigkeit.

3.34 Die angewandten **Bewertungsverfahren müssen transparent und nachvollziehbar** und bei der im Hypothekarkredit großen Stückzahl an Bewertungen trotzdem einfach zu handhaben und leicht zu kontrollieren sein, was eine gewisse Schematisierung voraussetzt. Für den Rechnungsgang ist das Schema der WertV bei größeren Objekten eine geeignete Grundlage. Kleine Bewertungen lassen sich durchaus weiter vereinfachen, was bei den sogenannten Kleindarlehen ausdrücklich zugelassen ist (s. unten Ziffer 15).

3.35 Die Objekte sind **ohne Belastung (Ausnahme: den Wert beeinflussende Dienstbarkeiten, s. u.)** und bei angenommener Cash-Zahlung zu bewerten. Die mögliche Beleihung soll vielmehr an Hand der Bewertung erst festgelegt werden. Hinsichtlich der Behandlung von Dienstbarkeiten und Reallasten siehe Ziffer 8.

3.36 Jedes Objekt ist zur gegenseitigen Kontrolle nach **zwei getrennten Verfahren** zu bewerten **(Zwei-Säulenprinzip)**, meist getrennt nach dem Sachwert- und dem Ertragswertverfahren. Für gängige Eigenheime, größere Einfamilienwohnhäuser und eigengenutzte Eigentumswohnungen hat das BAKred entsprechend der hier gewöhnlich geringen Bedeutung des Ertragswerts einer Bewertung nur nach dem Sachwertverfahren, bzw. bei Eigentumswohnungen dem Vergleichswertverfahren, zugestimmt. Dabei sind häufig, allerdings sehr unterschiedliche Marktanpassungsabschläge erforderlich, die entweder aus der Erfahrung oder geeigneten Nebenrechnungen gewonnen werden.

3.37 **Erwerbskosten**
An dieser Stelle sind **die bei jedem Verkauf entstehenden Kosten** (Grunderwerbsteuer, Notar- und Grundbuchamtgebühren, Maklergebühren) anzusprechen. Für den Käufer erhöhen sie den Aufwand über den zu zahlenden Kaufpreis hinaus. Sie sind in der kaufmännischen Buchhaltung zu aktivieren und anteilig laufend mit dem Gebäude abzuschreiben. Sie müssen aus dem Ertrag des Kaufobjekts mitverzinst bzw. bei der Errechnung der Rendite des angelegten Kapitals mit berücksichtigt werden. **In Deutschland geben die Werte der Sachverständigen** (Verkehrswert, Beleihungswert) **nur den Nettowert** ohne

diese zusätzlichen Kaufkosten wieder, d.h. **den voraussichtlichen** Erlös bei einem Verkauf. Hypothekarinstitute sind auch nur an solchen „Verkaufswerten (-erlösen)“ interessiert, da ihnen bei der Verwertung der beliehenen Objekte nicht mehr zufließt. Es gibt aber durchaus Wert-, vor allem aber Renditeermittlungen, in denen die mit dem Erwerb eines Objekts verbundenen zusätzlichen Aufwendungen in einem üblichen Umfang enthalten sind. Das gilt vor allem **für den englischen Open Market Value (OMV), der diese Kosten in der Regel enthält**. Zur Gewinnung des den deutschen Werten entsprechenden „Wiederverkaufspreises“ **müssen** die von einem Erwerber voraussichtlich zu tragenden **Erwerbskosten gesondert abgezogen werden**. Heute werden diese Erwerbskosten meistens bereits vom Gutachter **vor** endgültiger Ausweisung des OMV abgesetzt. Siehe Studienbrief „Europäische Immobilienmärkte und ihre Bewertungsverfahren“ (Nr. 9, S. 38 und GuG aktuell 2/2000 v. 30.4.2000). Die Höhe dieser Nebenkosten unterscheidet sich derzeit in den einzelnen europäischen Ländern, allein schon wegen der unterschiedlichen Erwerbssteuern (Grunderwerbsteuer), noch erheblich. Sie dürften sich aber im Laufe der Jahre zunehmend angleichen.

3.38 **Wertermittlungsregeln**

Besondere methodische Vorkehrungen begründen die Eigenständigkeit des Beleihungswerts und sollen in den Bewertungsverfahren als „Bremsen“ wirken und zu hohe Bewertungen verhindern (Kerl: GuG 1/96, S. 43 ff.). Sie finden sich im Übrigen in den beiden grundsätzlichen Ausführungen des Verbandes deutscher Hypothekenbanken, die in Teil II abgedruckt sind. Im Gegensatz zu den erwähnten pauschalen Abschlägen (s.o. Ziffer 3.2) wird hier den Risiken durch vorsichtige Wertansätze und Abschläge an den Stellen begegnet, an denen sie im jeweiligen Objekt auftreten; also insbesondere beim Ansatz des Bodenwerts, bei der Berechnung des Gebäudewerts, bei den Ansätzen der Mieten und Bewirtschaftungskosten sowie bei der Kapitalisierung. Hier, weniger im Rechnungsschema als solchem, finden sich die Unterschiede zwischen der Verkehrswert- und der Beleihungswertermittlung. Im Einzelnen werden diese „Methodischen Vorkehrungen“ im folgenden Kapitel (Ziffer 5) behandelt.

4 Wertermittlungsverfahren

4.1 Allgemeines

Die verschiedenen Wertermittlungsverfahren werden in diesem Büchlein, das sich im Wesentlichen mit den Besonderheiten des Beleihungswerts befaßt, nur relativ kurz behandelt. Wer mehr über die Theorie und die praktische Handhabung dieser Verfahren wissen möchte, sei auf die umfangreiche Literatur zur Bewertung von Immobilien verwiesen, die sich aus dem Verzeichnis der verwendeten Literatur (Literaturverzeichnis) und dem anschließend abgedruckten weiteren Verzeichnis ergibt. Besonders erwähnt seien das Handbuch des Hypothekarkredits (Nr. 19, ab S. 182) und das umfangreiche Werk von Kleiber, Simon und Weyers (Nr. 16), die umfassende Informationen bieten. Außerdem wird ausdrücklich auf den Studienbrief „Verkehrswert nach WertV und andere Verfahren" (Nr. 11) hingewiesen.

In Deutschland kennt man drei normierte Wertermittlungsverfahren (Ziff. 4.2 mit 4.4) und wenigstens drei weitere, nicht normierte Verfahren (Ziff. 4.5).

Als normiertes Verfahren werden alle diejenigen Verfahren bezeichnet, die in der Wertermittlungsverordnung von 1988 und den dazu ergangenen Änderungen (WertV 98) und in den dazu ergangenen Richtlinien: WertR 76/96, LandR 78 und WaldR 91 geregelt sind. Auch im europäischen Ausland, vor allem in Großbritannien, gibt es Normen für die Erstellung von Wertgutachten von Immobilien. Hier ist das sogenannte Red Book der weltweit tätigen englischen Sachverständigenorganisation, der **Royal Institution of Chartered Surveyors (RICS)** maßgebend.

Die drei in Deutschland normierten Verfahren werden kurz erläutert.

4.2 Das Vergleichswertverfahren

4.21 Beim Vergleichswertverfahren werden die Immobilien unmittelbar miteinander verglichen, erforderlichenfalls nach gewissen Anpassungen. Dieses Verfahren ist in den §§ 13 und 14 der WertV geregelt. Liegen genügend Vergleichspreise vor, ist das Vergleichswertverfahren nicht nur die „einfachste", sondern auch die „zuverlässigste Methode" (Kleiber, Nr. 16, S. 683). Für die Ermittlung der Bodenwerte unbebauter und bebauter Grundstücke ist es sogar das Regelverfahren (§ 15 Abs. 2 und § 21 Abs. 2 WertV).

4.22 Bei Anwendung des Vergleichswertverfahrens wird unterschieden zwischen unmittelbarem und mittelbarem Preisvergleich.

▷ Bei einem **unmittelbaren Preisvergleich**, wird der Wert eines Grundstücks oder einer Immobilie aus zeitnahen Kaufpreisen vergleichbarer Grundstücke oder auf Grund von Bodenrichtwerten abgeleitet, die aus unmittelbaren zeitnahen Preisvergleichen gewonnen wurden. Der unmittelbare Preisvergleich setzt voraus, daß sich die zu vergleichenden Grundstücke oder Immobilien in ihren entscheidenden Merkmalen gleichen oder wenigstens stark ähneln, wie etwa bei gleichartigen Baugrundstücken (auch gleiche Nutzungsmöglichkeit), Reiheneigenheimen, Eigentumswohnungen oder gleichartigen Mietwohnblöcken in einem einheitlichen Wohnquartier. Da das nur relativ selten der Fall ist, erfolgt meistens ein

▷ **mittelbarer** Preisvergleich. Hier werden die Vergleichspreise oder Bodenrichtwerte – meistens über die unterschiedliche bauliche Nutzungsmöglichkeit – mit Hilfe der Geschoßflächenzahl (GFZ) oder mit Hilfe von Indexreihen und geeigneten Koeffizienten auf die Merkmale des zu bewertenden Grundstücks und auf einen deutlich abweichenden Bewertungszeitpunkt umgerechnet.

Bekanntlich wird das **Maß der baulichen Nutzung eines Grundstücks** mit
▷ der **Grundflächenzahl (GRZ)**, das ist das maximal zulässige Verhältnis der Grundfläche der baulichen Anlagen zur Grundstücksfläche und mit
▷ **der Geschoßflächenzahl (GFZ)**, das ist das Verhältnis der Geschoßfläche aller Geschoße (Dachgeschoß meist anteilig) zur Grundfläche, bestimmt und festgelegt. Näheres siehe Studienbriefe „Grundlagen der Wertermittlung" (Nr. 12, S. 27ff.) und „Verkehrswert nach WertV und andere Verfahren" (Nr. 11, S. 23f.) sowie Kleiber (Nr. 16, S. 190 und 682).

4.23 Das Vergleichswertverfahren wird, wie erwähnt, **vor allem bei der Bewertung von unbebauten Grundstücken** (Wert je qm Bodenfläche oder je qm möglicher Geschoßflächenzahl) angewandt; aber auch bei gut vergleichbaren Eigentumswohnungen (in der Regel Bewertung je qm Nutzfläche), Einfamilienreihenhäusern und dergleichen einheitlichen Objekten. Näheres, vor allem zur Bewertung von unbebauten Grundstücken, siehe Kleiber, Nr. 16, S. 682ff.) und Studienbrief „Verkehrswert nach WertV und anderen Verfahren" (Nr. 11, ab. S. 23). Eigentlich gehört auch die, vor allem im Ertragswertverfahren notwendige Heranziehung von am Markt erzielten und durch Vergleich gewonnenen Mieten oder entsprechenden anderen Daten zum Vergleichswertverfahren.

4.3 Das Sachwertverfahren

4.31 Die **Sachwertberechnung** ist ein Vergleich der Immobilien mit Hilfe der Berechnungsmethoden zur Ermittlung der (angemessenen) Gesamtherstellungskosten, die sich zusammensetzen aus dem **Bodenwert** zuzüglich **Gebäudewert**, zuzüglich Wert der **Außenanlagen** und etwaiger besonderer **Betriebseinrichtungen**. Näheres findet sich in der WertV §§ 21 mit 25; sowie bei Kleiber (Nr. 16, S. 1050ff.).

4.32 Das **Ergebnis des Sachwertverfahrens**, ist die Summe aus dem Bodenwert, der in der Regel nach Vergleichswerten (WertV §§ 13 und 14; siehe auch oben Ziff. 4.2) des unbebaut gedachten Grundstücks angesetzt wird (§ 21 Abs. 2 WertV), und den entsprechend dem Alter (WertV § 23) und meist auch dem technischen Zustand der baulichen Anlagen (WertV § 24 – Baumängel) **abgeschriebenen Wiederherstellungskosten** für das Bauwerk, samt Außenanlagen und etwaigen technischen Einrichtungen. Eine ins Gewicht fallende wirtschaftliche Wertminderung, etwa durch Veralterung der Bausubstanz oder Beeinträchtigung der Nutzbarkeit (beispielsweise wegen veralteter Grundriße) erfordert im Sachwertverfahren einen weiteren Abschlag (§ 25 WertV), dem dann – falls notwendig – ein zweckmäßigerweise am Ende aller Berechnungen – also auch des Ertragswertes – vorzunehmender Marktanpassungsabschlag folgt. Vgl. White u. a. (Nr. 30, S. 155 ff.). In der Reihenfolge der einzelnen Abschläge in der Sachwertberechnung hat der Sachverständige beim Aufbau seines Gutachtens durchaus einen angemessenen Gestaltungsspielraum.

4.33 Für die **Ermittlung der Herstellungskosten der baulichen Anlagen** geht man nach § 22 WertV in der Regel von den gewöhnlichen Herstellungskosten je Raum- (umbauter Raum in cbm) oder Flächeneinheit (in qm), den sogenannten **Normalherstellungskosten** aus. Sie werden einschließlich der Baunebenkosten (Planung, Baudurchführung, Baugenehmigung, Finanzierungskosten während der Bauzeit) nach Erfahrungssätzen (WertV § 22 Abs. 3) oder in Anlehnung an tatsächlich entstandene – als angemessen anzusehende – Herstellungskosten (WertV § 22 Abs. 5) angesetzt. Die Baunebenkosten können extra angesetzt oder auch in die Kubikmeter- oder Flächenwerte durch einen Erfahrungszuschlag einbezogen werden.

4.34 Die **Gebäudewertminderung wegen Alters** bestimmt sich (§ 23 WertV) nach dem Verhältnis der Restnutzungsdauer zur Gesamtnutzungsdauer der baulichen Anlagen; sie ist in einem Vomhundertsatz (Abschreibungssatz) des Herstellungswerts auszudrücken. Bei der Bestimmung der Wertminderung kann, je nach Art und Nutzung der baulichen Anlagen, von einer gleichmäßigen oder von einer mit zunehmendem Alter sich verändernden Wertminderung ausgegangen werden. In der Praxis gibt es für die Bemessung der Alterswertminderung geeignete Tabellen, etwa von Roß, von Vogels oder von Gerardy. Am gebräuchlichsten ist die **Tabelle von Roß** (Anlage 6 zur WertR 76/96). Siehe Kleiber (Nr. 16, S. 2128 f.). Für Gebäude relativ kurzer Nutzungsdauer hat sich auch eine **lineare Abschreibung** bewährt (siehe Kleiber Nr. 16, S. 2126). Näheres über die Gebäudewertminderung im Sachwertverfahren – auch in besonderen Fällen, wie eine Verlängerung der Restnutzungsdauer durch durchgreifende Instandsetzung und Modernisierung oder über eine etwaige Abschreibung bei Denkmalschutz, oder eine Wertminderung wegen Baumängel und Bauschäden, sowie Abschläge wegen eines merkantilen Minderwerts und Abschläge wegen wirtschaftlicher Überalterung und dergleichen mehr (§§ 24 und 25 WertV) – siehe u. a. bei Kleiber Nr. 16 S. 1098 ff.

4.35 **Das Sachwertverfahren kommt insbesondere dann zur Anwendung**, wenn die Ersatzbeschaffungskosten des Wertermittlungsobjekts nach den Gepflogenheiten des gewöhnlichen Geschäftsverkehrs preisbestimmend sind. Dies ist heute vor allem bei Ein- und Zweifamilienwohnhäusern der Fall. Bei ihnen steht in der Regel nicht der erzielbare Ertrag, sondern z. B. die Annehmlichkeit des schöneren Wohnens, eine in günstigen Lagen gute Verkäuflichkeit und die überschaubare Größe der Investition in eine Sachwertanlage im Vordergrund. Häufig wurden und werden auch Gewerbe- und Industrieobjekte sowie öffentlich genutzte Immobilien im Schwerpunkt nach dem Sachwertverfahren bewertet, obwohl es vor allem bei Gewerbeobjekten durchaus um den Ertrag, um die Rendite geht, diese aber bei solchen Objekten mitunter nur schwer exakt dargestellt werden kann.

Auch bei der Bewertung der meisten vornehmlich nach dem Ertrag und der Rendite zu beurteilenden Immobilien wird in Deutschland zur Ermittlung der investierten Substanz gerne zunächst einmal der Sachwert errechnet. Das dient dann aber mehr Kontrollzwecken und weniger der unmittelbaren Ableitung des dem Schätzobjekt endgültig beizumessenden Werts. Umgekehrt hat sich bei der Bewertung von Ein- und Zweifamilienwohnhäusern zur Kontrolle durchaus auch die Errechnung eines Ertragswerts bewährt (siehe auch Ziff. 7.2).

Für die Ermittlung von Beleihungswerten wird vom BAKred, von Ausnahmen abgesehen, zur größeren Sicherheit die Anwendung von wenigstens zwei Bewertungsverfahren sogar ausdrücklich gefordert („Zwei-Säulen-Prinzip“ siehe Ziff. 3.36). Näheres zum Sachwertverfahren siehe Beispiele in Teil III.

4.36 Die Gebäudewertberechnungen bauen gewöhnlich auf dem **umbauten Raum** (umb. Raum) des/der Gebäude(s), angesetzt in cbm, oder auf der **Bruttogrundfläche** (BGF), selten der Nutzfläche (NF) auf.

▷ **Für die** Errechnung dieser **Ausgangsgrößen gibt es Normen**, die in den europäischen Ländern nicht gleich sind, und in Deutschland von vielen Sachverständigen aus guten Gründen mitunter nicht in der jeweils neuesten Variante angewandt werden. **Wichtig ist deshalb**, daß die Vergleichspreise aus tatsächlichen Verkäufen am Markt **mit Hilfe der gleichen Ausgangsgrößen** (z. B. umb. Raum) gewonnen werden, wie bei ihrer späteren Verwendung in Bewertungsgutachten.

▷ Beispielsweise gibt es für die **Errechnung des Volumens** eines Gebäudes die DIN-Vorschrift 277 von 1950 (Ergebnis = „umbauter Raum“), der später eine neue DIN-Vorschrift, DIN 277 von 1973/87 (Ergebnis „Bruttorauminhalt“) gefolgt ist. Die Berechnungen beider DIN-Vorschriften unterscheiden sich. So wird etwa ein nicht ausgebautes Dachgeschoß in der DIN 277 v. 1950 nur zu einem Drittel seines Volumens, in der DIN 277 v. 1973/87 aber voll angesetzt. Die DIN 277 v. 1973/87 führt in der Regel zu einem etwas größeren Volumen. In Deutschland rechnen die meisten Sachverständigen nach der DIN Vorschrift von 1950. Sie führt in der Regel zu angemesseneren Ergebnissen. Auch sind die Vergleichspreise in der Literatur und in den persönlichen Aufzeichnungen der Sachverständigen meistens auf Basis dieser älteren Vorschrift angegeben. Berechnet man mit den nach DIN v. 1950 aus Verkäufen gewonnenen Preisen ein Gebäude, für das der Bruttorauminhalt nach DIN v. 1973/87 angesetzt wird, ergibt sich in der Regel ein zu hoher Gebäudewert. Wegen des genauen Inhalts der DIN-Vorschrift von 1950 wird auf die einschlägige Literatur verwiesen; etwa Kleiber (Nr. 16, S. 197 u. 1081 u. 1821 ff.).

▷ Nicht zuletzt wegen dieses Unterschieds und in Anpassung an die Handhabung in manchen anderen Ländern wird auch bei uns für die Sachwertberechnung als Ausgangsgröße zunehmend die **Bruttogrundfläche (BGF)**, die sich mit der **Bruttogeschoßfläche** (siehe oben Ziff. 4.22) nach der Baunutzungsverordnung § 20, Abs. 2, 3, u. 4 deckt, propagiert. Sie ist die Summe der Grundflächen aller nach den äußeren Maßen berechneten Grundrißebenen eines Bauwerkes. Diese Größe wird im Anhalt an die Normvorschriften in DIN 277 von 1987 ermittelt. Näheres zu diesen Flächenangaben siehe Kleiber, Nr. 16, S. 191 u. 1083 ff. u. 1823 und unten Ziffer 4.34.

▷ Bisher hat sich in Deutschland die **Gebäudewertberechnung im Sachwertverfahren nach BGF** noch nicht allgemein durchgesetzt. Sie dürfte sich aber weiter verbreiten. Wahrscheinlich bleiben beide Verfahren noch lange nebeneinander bestehen, weil sich verschiedene Gebäude besser mit Hilfe des umbauten Raumes (Eigenheime, Einfamilienwohnhäuser, auch aufwendige Mehrfamilienwohnhäuser, komplizierte Büro- und gemischt genutzte Gebäude sowie viele Spezialgebäude), andere wiederum durchaus zweckmäßig über die BGF (Normgebäude aller Art, auch viele „normalen" Bürogebäude, vor allem aber Lagerhallen und dergleichen) bewerten lassen.

4.4 Das Ertragswertverfahren

4.41 Das **Ertragswertverfahren ist ein Vergleich der Immobilien mit Hilfe der Ertrags- und Renditerechnung**. Geregelt ist dieses Verfahren in Deutschland in den §§ 15 bis 20 der WertV. Zum Ertragswertverfahren gehört auch das sogenannte **Pachtwertverfahren**, bei dem in der Ertragswertberechnung statt einer festen Miete, eine aus dem betriebenen Geschäft abgeleitete „angemessene Pacht" zu Grunde gelegt wird (etwa ein aus Erfahrung gewonnener Prozentsatz des Umsatzes).

4.42 **Der Ertragswert bestimmt sich** maßgebend aus dem Nutzen, dem Ertrag, den eine Immobilie ihrem Eigentümer (jedem Eigentümer) zukünftig gewähren kann. Es kommt also auf die Ertrags**erwartungen** an, die auf den Bewertungszeitpunkt diskontiert werden. Der Ertragswert ist der **Barwert aller erwarteten zukünftigen Erträge** des Bewertungsobjekts.

Für diese Diskontierung gibt es unterschiedliche Methoden. In Deutschland wird der im Bewertungszeitpunkt zu erwartende Ertrag mit dem am Markt aus tatsächlichen Verkäufen gewonnenen, für das zu bewertende Objekt typischen Liegenschaftszinsfuß kapitalisiert, wobei der auf dem Bodenwert entfallende Anteil des Nettoertrags als **ewige Rente** (Nettoertrag x 100 geteilt durch Kapital), der für die baulichen Anlagen verbleibende Ertragsanteil nach der voraussichtlichen Restnutzungsdauer der Gebäude mit Hilfe eines entsprechenden Vervielfältigers als **Zeitrente** zu kapitalisieren ist. Die Summe beider Kapitalisierungen ergibt dann den Ertragswert (Näheres siehe Beispiele Teil III).

Die „normalen" Mietänderungen (Inflationsausgleich etc.) sind über den Liegenschaftszinssatz in der Bewertung enthalten. Klar ersichtliche, befristet deutlich über oder unterhalb der jeweiligen Marktmiete liegende Mieten können für den Verkehrswert durch in Zusatzberechnungen gewonnene Zu- oder Abschläge berücksichtigt werden. Für den Beleihungswert scheiden solche Overrentberechnungen in der Regel aus (s. Ziff. 5.31). Dieses Verfahren führt zu unmittelbar auf dem Marktgeschehen fußenden Ertragswerten. Näheres unter anderem siehe Kleiber Nr. 16 ab S. 834 und Studienbrief „Verkehrswert nach WertV und anderen Verfahren" (Nr. 11, S. 31 ff.); ferner Handbuch (Nr. 19, S. 214 ff.), und Beispiele in Teil III.

4.43 Vornehmlich **in anglo-amerikanisch geprägten Märkten** werden die Ertragswerte gerne nach der sogenannten DCF-Methode (Discounted Cash Flow) errechnet (s. u. Ziff. 4.53) oder durch eine einfache Kapitalisierung des Nettoertrags mit einem aus dem Marktgeschehen gewonnenen „Zinssatz", der eigentlich nur ein Vervielfältiger des Nettoertrages ist. Bei neuen Gebäuden mit langer Restnutzungsdauer mag ein solches Verfahren zu vertreten sein und der Vervielfältiger von der echten Rendite nicht weit entfernt liegen; für ältere Gebäude ergeben sich aber wegen der hier wesentlich geringeren Vervielfältiger des Nettoertrages rechnerisch sehr hohe „Zinssätze", die auch nicht annähernd die tatsächliche Rendite des Bewertungsobjektes wiedergeben. Natürlich kann man auch mit solchen Verfahren zu angemessenen Werten gelangen, wenn die Ausgangsdaten nach den gleichen Rechnungsgängen aus dem Marktgeschehen gewonnen werden. Man darf nur nicht glauben, daß die dabei angegebenen Zinssätze die echte Kapitalrendite wiedergeben.

Der auch außerhalb von Deutschland tätige Sachverständige sollte durchaus auch solche Auslands-Objekte nach seinem gewohnten Rechenschema bewerten. Zur Kontrolle sollte er für diese Bewertungen aber das jeweils örtlich übliche Ertragswertverfahren heranziehen, da er vor Ort meistens nur für dieses die erforderlichen Ausgangsdaten bekommt.

4.44 Auch beim Ertragswertverfahren kommt es entscheidend auf die **richtigen Ausgangsgrößen und Ausgangsdaten**, wie Nutzflächen und Mieten an. Die in die Bewertung einzuführenden Marktdaten müssen jedenfalls wieder nach den gleichen Grundsätzen gewonnen worden sein, nach denen sie anschließend im Gutachten angewandt werden. Unter Ziff. 4.36 wurde das für die Sachwertberechnung bereits behandelt.

▷ Die WertV geht von der sogenannten **Nettomiete** aus; das ist die Bruttomiete abzüglich aller auf den Mieter umlegbaren Betriebskosten und abzüglich der beim Vermieter verbleibenden Ausgaben für die Bewirtschaftung, jedoch ohne die anschließend bei der Kapitalisierung im Vervielfältiger berücksichtigte laufende Abschreibung. Das Ergebnis ist die sogenannte Nettomiete, die mitunter auch als Reinertrag bezeichnet wird.

▷ Für die Berechnung der Mieten kommt es auf die sogenannte „vermietbare Fläche" an. Bei **Wohnobjekten** ist für deren Berechnung die Wohnfläche nach den §§ 42 – 44 der II. Berechnungsverordnung (II. BV) maßgebend.

▷ Schwieriger wird es bei **gewerblich genutzten Räumen und Objekten**, da hier Vertragsfreiheit besteht.

Nach DIN 277 kennen wir folgende Flächenbegriffe:

- **Bruttogrundfläche (BGF).** Sie deckt sich mit der Geschoßfläche (GF) und wird geschoßweise nach den Außenmaßen des Gebäudes errechnet.
- Sie gliedert sich wieder in die **Konstruktionsgrundfläche (KGF)**, das sind die nicht nutzbaren Flächen in allen Ebenen (Wände, Stützen, Pfeiler, Kamine und Schächte), und die
  Netto-Grundfläche oder auch Nettogeschoßfläche (NGF), die Summe der nutzbaren Flächen in allen Ebenen des Gebäudes.
- Die Netto-Grundfläche gliedert sich wieder in die
  Nutzfläche (NF), – die unmittelbar nach der Zweckbestimmung des Bauwerks nutzbaren Flächen; sie wird nochmals unterteilt in Haupt- und Nebennutzfläche – und in die
  Funktionsfläche (FF) – sie umfaßt diejenigen Flächen, die zur Unterbringung zentraler betriebstechnischer Anlagen im Bauwerk dienen – sowie schließlich in die
  Verkehrsfläche (VF) – das sind Treppenhäuser, Fahrstühle, Flure, Eingangshallen etc.
- Bei Mietverträgen über Gewerberäume ist also zunächst einmal darauf zu achten, zu welchem Flächenbegriff die angegebene Mietfläche zählt. In Deutschland setzt sich für die Vermietung von Gewerberäumen, vor allem für Büroräume, zunehmend die Flächenberechnung nach den Vorschlägen der Gesellschaft für immobilienwirtschaftliche Forschung (gif) durch. Das ist nach obiger Gliederung die **Nutzfläche** zuzüglich der zur vermieteten Einheit gehörenden **Verkehrsfläche**. Innenflure gehören dann also zur „Vermietbaren Fläche", Treppenhäuser und Liftschächte jedoch nicht. Eingangshallen zählen in der Regel in geschlossen vermieteten Bürohäusern mit, in geschoßweise vermieteten Bürogebäuden meist bei den einzelnen Einheiten

anteilig. Bei modernen, geschlossen vermieteten Bürogebäuden kennen wir als Mietfläche durchaus auch die Nettogeschoßfläche.

4.45 Nach den geschilderten Verfahren verbleiben beim Grundstückseigentümer als – nicht auf den Mieter umgelegte – **Bewirtschaftungskosten** nur

- ein in der Regel niedriger **Rest an nicht umlegbaren Betriebskosten**, dessen Höhe sich im Einzelfall ergibt;
- das **Mietausfallwagnis**, das gewöhnlich in einem vom Risiko abhängigen Vomhundertsatz der Miete ausgedrückt wird (2 – 5 %);
- die **Instandhaltungskosten**, die gewöhnlich in einem Festsatz je qm vermietete Fläche angegeben werden und neben den laufenden Instandsetzungen auch einen Zuschlag für die von Zeit zu Zeit notwendigen größeren Reparaturen enthalten. Vergleiche auch Ziff. 5.45 und
- die beim Vermieter bleibenden **Verwaltungskosten**. Ihre Höhe wird zweckmäßigerweise wieder in einem Vomhundertsatz der Nettomiete ausgedrückt und richtet sich nach den am Markt üblichen Sätzen.

4.5 Nicht normierte Wertermittlungsverfahren

Es gibt dann noch einige nicht normierte Wertermittlungsverfahren, die meist für spezielle Fälle und Aufgaben entwickelt worden sind und zur Ermittlung von Beleihungswerten nur ausnahmsweise herangezogen werden. Siehe auch Studienbrief „Verkehrswert nach WertV und anderen Verfahren" (Nr. 11, S. 82ff.).

Hierzu gehören insbesondere:

4.51 das **Residualverfahren** zur Ermittlung von Bodenwerten, ein reines Kalkulationsverfahren. Es räumt dem Bewerter einen relativ großen Spielraum ein, ist aber bei der Kalkulation von Immobilieninvestitionen und angemessenen Bodenwerten unentbehrlich. Zur Beleihungswertermittlung wird es nur ausnahmsweise und kontrollierend herangezogen, wenn nicht genügend gesicherte Marktdaten für den Ansatz von Bodenwerten zur Verfügung stehen.

4.52 das **Liquidationswertverfahren**. Es stellt kein eigenständiges Wertermittlungsverfahren dar. Es ist eine Variante des Ertragswertverfahrens und geht in seiner Kalkulation von einem Abbruch der vorhandenen Bausubstanz mit möglicher anschließender Neubebauung des Grundstücks aus. Es ist vor allem dann anzuwenden, wenn der Reinertrag nicht mehr zur angemessenen Verzinsung des Bodenwerts ausreicht und für die Verzinsung der baulichen Anlagen nichts mehr übrig bleibt. Für die Ermittlung von Beleihungswerten hat es nur untergeordnete Bedeutung, da so schlecht rentierliche Immobilien in der Regel nicht mehr beliehen werden. Ausnahme: Vorübergehende Beleihung bis zur geplanten Neubebauung.

4.53 die **Discounted Cash Flow Methode.** Dies ist ebenfalls ein reines Kalkulationsverfahren (Prognoseverfahren) auf der Basis des Ertragswertverfahrens und für die Ermittlung der voraussichtlichen Rendite von Bauvorhaben durchaus brauchbar.

Sie beruht auf Annahmen über die zukünftige Entwicklung der Mieten und der mit dem Objekt verbundenen Ausgaben (Zahlungsströme) sowie auf einem prognostizierten Wiederverkaufswert nach Ablauf des meist zehnjährigen Prognosezeitraumes. Zur Ermittlung von Beleihungswerten wird dieses Verfahren nur in Ausnahmefällen ergänzend herangezogen, weil es in erheblichem Ausmaß auf spekulativen Elementen aufbaut und damit einem wesentlichen Grundsatz des Beleihungswerts widerspricht. Hier liefert das für die Erträge und die Liegenschaftszinssätze auf aktuellen Marktdaten und langjährigen Erfahrungen fußende normierte Ertragswertverfahren wesentlich zuverlässigere Ergebnisse.

5 Methodische Vorkehrungen bei der Beleihungswertermittlung

Auf die Bedeutung des sogenannten „Grundsatzpapiers“ und der „Wesentlichen Aspekte der Beleihungswertermittlung“ (siehe auch Teil II) für die deutsche Kreditwirtschaft wurde in diesem Studienbrief bereits mehrfach hingewiesen. Beide Ausarbeitungen sind „selbsterklärend“ und bedürfen nur weniger Kommentierungen.

5.1 Die Bodenwerte

werden nach dem Vergleichswertverfahren, hilfsweise in Anlehnung an die Richtwerte der Gutachterausschüsse, im Ermessensspielraum des Sachverständigen in die Bewertung eingeführt. Offensichtlich überhöhte oder spekulative Bodenwerte müssen selbstverständlich gekürzt werden.

5.2 Die Gebäudewerte

sind entweder nach dem (heute nur noch vereinzelt angewandten) **Indexverfahren** – Basisindex meist 1913 – mit einem gegenüber den aktuellen Angaben des Statistischen Bundesamts um mindestens 20 % niedrigeren Index oder nach dem **Abschlagsverfahren** (mindestens 10% Abschlag von den aktuellen Normalherstellungskosten) zu bewerten. Bei risikoreicheren, z. B. Gewerbeimmobilien mit Spezialcharakter, sollte wegen der höheren Gefahr eines „verlorenen Bauaufwands“ bzw. einer erhöhten wirtschaftlichen Wertminderung ein erhöhter Abschlag (mehr als 10%) vom Bauwert vorgenommen werden.

5.3 Die Mieten in der Ertragswertberechnung

sind nachhaltig, dauerhaft und spekulationsfrei anzusetzen.

5.31 Erwartete, aber noch nicht sicher vereinbarte Mietansätze müssen unberücksichtigt bleiben. Offensichtlich **nicht dauerhafte Mieten sind zu kürzen**. „Overrentberechnungen“ mit für eine Restlaufzeit fest vereinbarten überhöhten Mieten sind bei der Beleihungswertberechnung nicht zulässig. Für unter der Marktlage liegende, nach **baldigem** Mietvertragsablauf sicher steigende Mieten, kann eine vorsichtige „Underrentberechnung“ vertreten werden.

5.32 Soweit, in der Praxis nur für gewerblich genutzte Räume, Mieten zuzüglich der **Mehrwertsteuer** vereinbart sind, sind sie um die Mehrwertsteuer zu kürzen. Diese vom Vermieter an das Finanzamt abzuführende Steuer ist nur ein durchlaufender Posten, der den Ertrag der Immobilie nicht beeinflußt.

5.33 Gerade die zum Jahrtausendwechsel auslaufende Krise an den Immobilienmärkten hat gezeigt, wie schnell, wie weit und für wie lange Zeit Mieten bei einem Überangebot an vermietbaren Flächen absinken können. Selbst in München, wo die Immobilienkrise vergleichsweise milde verlaufen ist, hatten die Spitzenmieten für Wohnungen im Tiefpunkt spürbar, die Büromieten sogar noch deutlicher nachgegeben. Erst im siebten Jahr nach Beginn der Marktschwäche haben die Mieten das vorherige Niveau wieder erreicht. In anderen Großstädten des Bundesgebiets und vor allem in den neuen Bundesländern (Beitrittsgebiet) ist der Abstand der Mieten im Jahr 2000 zu den Sätzen von 1992/93 immer noch erheblich. In London hat die 1991/92 durch hohes Überangebot, vor allem in den Docklands, ausgelöste Immobilienschwäche über sieben Jahre gedauert und während dieser Zeit zu hohen Miet- und Wertminderungen geführt, die inzwischen auch hier überwunden sind.

Nachhaltige Mietansätze im Sinne des § 12 HBG müssen keine „Krisenmieten" sein, sollten aber in Boomzeiten doch deutlich unter den dann zu beobachtenden Spitzenmieten liegen, während am Tiefpunkt der Marktentwicklung, sofern bei großen Leerständen überhaupt eine dauerhafte Vermietung gelingt, ein Abstand von den aktuellen Mieten entbehrlich sein kann.

5.34 **Jede Immobilienkrise verläuft anders.** Lag der Schwerpunkt der regional sehr unterschiedlichen Immobilienkrisen der Jahre 1973 – 1976 und 1980 – 1984 – ausgelöst durch hohes Neubauvolumen auf Grund von staatlichen Anschub- und Fördermaßnahmen – im Wohnungsbau, so traf die Marktschwäche nach 1994 verstärkt gewerbliche Objekte, vor allem Bürogebäude, von denen zu viele auf Vorrat gebaut worden waren. Auch lokal gibt es meistens erhebliche Unterschiede, je nachdem, wo das krisenauslösende Überangebot besonders hoch ist.

5.35 Die Mieten werden **zweckmäßig als Netto-Kaltmieten** (Bruttomieten ohne umgelegte Betriebskosten) angesetzt, da sich diese Größe bei den Standardverträgen meist direkt aus den Mietverträgen entnehmen läßt.

5.4 Bewirtschaftungskosten (II. BV §§ 24 – 29 und § 18 WertV)

Auch hierzu wird ausdrücklich auf die umfassende Darstellung im in Teil II abgedruckten Papier „Wesentliche Aspekte der Beleihungswertermittlung" verwiesen.

5.41 **Bei Wohnobjekten** bestehen sie aus zwei getrennt zu behandelnden Teilen:

▷ Die nach der zweiten Berechnungsverordnung (II. BV) auf den Mieter **umlegbaren Teile** (wie z.B. öffentliche Gebühren und Abgaben, Versicherungen, Hausmeister, sonstige Betriebskosten, Wasser-, Strom- und Heizungskosten) sind wegen ihrer starken Veränderlichkeit von den Mietern in der Regel zusätzlich zur eigentlichen Wohnungsmiete („Netto-Kaltmiete“) anteilig nach den aktuellen Ausgaben des jeweiligen Jahres zu bezahlen.

▷ **Vom Vermieter** sind dann aus der Netto-Kaltmiete nur mehr seine Verwaltungskosten, die Instandhaltung (einschließlich etwaiger Aufwendungen für das Modernisierungsrisiko), das Mietausfallwagnis und die laufende Abschreibung **zu tragen**.

5.42 In **gewerblichen Mietverträgen** besteht hinsichtlich der Mietvereinbarungen und Umlagen **Vertragsfreiheit**. In Deutschland lauten die meisten gewerblichen Mietverträge ebenfalls auf Netto-Kaltmieten zuzüglich der zuvor genannten Umlagen. Vor allem in England kennt man aber auch die sogenannte **Nettonetto-Kaltmiete**. Das sind Verträge, bei denen der Mieter alle Bewirtschaftungskosten einschließlich sämtlicher Reparaturen zu tragen hat. Der Mietertrag wird dann dem Reinertrag gleichgesetzt. Meistens ist das jedoch insofern ein Irrtum, als diese Mieter auch bei sehr langen Vertragslaufzeiten kaum mehr als das nötigste, nämlich bestenfalls die laufenden Reparaturen, machen lassen. Die in gewissen Zeitabständen erforderlichen größeren Instandsetzungen, etwa an den Fassaden, am Dach oder eine Erneuerung der Heizungsanlage, werden aber so lange wie irgend möglich hinausgeschoben und treffen den Vermieter dann beim Auszug des Mieters wenigstens teilweise. Das ist insbesondere dann der Fall, wenn der Mieter die Entschädigung für den Reparaturrückstand mangels Solvenz nicht bezahlen kann oder dafür lediglich ein Vergleich erreicht wird. Das Mietausfallwagnis und die eigenen Verwaltungskosten sowie gelegentliche Maßnahmen zur Behebung von Großschäden und zur Modernisierung der Immobilie (siehe Ziff. 5.45) verbleiben auch bei diesen (Nettonetto-) Verträgen in Wahrheit beim Vermieter.

5.43 Bei der Ertragswertberechnung **für die Ermittlung des Beleihungswerts** wird deshalb zweckmäßigerweise auch bei gewerblich genutzten Objekten von einer Netto-Kaltmiete ausgegangen und für die dann beim Vermieter verbleibenden **Bewirtschaftungskosten** (s.o. unter Wohnobjekten) ein **Mindestabschlag** von 15 %, **jedoch nicht weniger als den tatsächlichen Anfall** bei Einzelnachweis, der vor allem bei älteren Objekten mit relativ niedrigen Mieten gewöhnlich deutlich höher ist, vorgenommen. Bei gut vermieteten neuen Bürogebäuden bleiben diese Bewirtschaftungskosten in der Regel allerdings unter 15 % der Netto-Kaltmiete, was aber nur bei einer Verkehrswertberechnung zu berücksichtigen ist.

5.44 Wird **vereinzelt noch von der Brutto-Kaltmiete** (Netto-Kaltmiete zuzüglich Umlagen, ohne Heizkosten) ausgegangen, ist natürlich ein entsprechend höherer Abschlag für die Bewirtschaftungskosten erforderlich. Das in Teil II abgedruckte Bewertungsformblatt von Hyp Zert sieht dies alternativ noch ausdrücklich vor.

5.45 An dieser Stelle sind ferner noch die **Instandhaltungskosten und das sogenannte Modernisierungs-** bzw. Revitalisierungs**risiko** zu erwähnen.

▷ **Instandhaltungskosten:** Die üblichen Pauschalsätze für die Instandhaltung (etwa EU 7,50 – 11,00 je qm Nutzfläche) enthalten in Deutschland die Kosten, die zur Erhaltung des Gebrauchs der baulichen Anlagen während der Nutzungsdauer in Folge der laufenden Abnutzung und Alterung aufgewendet werden müssen. Sie umfassen:

- Die regelmäßige (laufende) Instandhaltung einschließlich Ersatz abgenutzter Bauteile und Einrichtungen, jedoch nicht deren Modernisierung, d.h. Anpassung an den technischen Fortschritt.
- Sie enthalten daneben einen Zuschlag für die oben bereits erwähnten, von Zeit zu Zeit notwendigen größeren Instandsetzungen. Dieser Zuschlag wird bei Mietobjekten theoretisch (bei Eigentumswohnanlagen sogar praktisch) zunächst verzinslich angespart und dann im Bedarfsfall für die Großreparaturen verwendet.

▷ **Modernisierung:** Eine zur Erhaltung des Mietniveaus von Zeit zu Zeit, meist im Zusammenhang mit größeren Reparaturen, notwendige gründliche **Modernisierung** des Gebäudes ist damit aber nicht möglich. Bei stabilen Preisen würden deshalb die Mieten mit dem Altern der Objekte stufenweise sinken. Da dem Hypothekar bei Annuitätendarlehen bis zur völligen Darlehensrückzahlung jedoch gleichbleibende Raten zu zahlen sind – wobei sich nur Tilgungs- und Zinsanteil gegenseitig verschieben – ist vor allem bei hochtechnisierten Objekten unter die Bewirtschaftungskosten neben den Instandhaltungskosten, sei es als Zuschlag oder als gesonderter Betrag, ein Aufwand für spätere Modernisierungen des Beleihungsobjekts zu berücksichtigen. Nur dann bleibt – stabile Preisverhältnisse unterstellt – der Objektertrag langfristig erhalten. (Näheres siehe „Wesentliche Aspekte der Beleihungswertermittlung" in Teil II).

5.5 Die laufende Abschreibung

des Gebäudes ist grundsätzlich auch ein Teil des Bewirtschaftungsaufwands und belastet den Ertrag. In der Praxis der Beleihungswertberechnung gibt es heute **zwei Verfahren** zur Berücksichtigung der Gebäudeabschreibung im Ertragswertverfahren:

5.51 Das **ältere** Verfahren stellt in den Abzug für Bewirtschaftungskosten einen mehr oder weniger pauschalen Zuschlagsbetrag für die laufende Gebäudeabschreibung ein. Dieser Betrag kann natürlich nach den einschlägigen mathematischen Tabellen aus dem Gebäudesachwert berechnet werden. Der verbleibende Reinertrag wird dann nach der Formel für die ewige Rente kapitalisiert.

5.52 Das **neuere**, einst von Krieger und Weil (Nr. 28) entwickelte Verfahren entspricht dem der WertV. Hier wird vom Nettoertrag (Nettomiete abzüglich der beim Vermieter verbleibenden Bewirtschaftungskosten – ohne Abschreibung) der Zinsaufwand (Liegenschaftszinssatz) des Bodenwerts abgezogen und der verbleibende auf den Gebäudewert entfallende Teil des Nettoertrags als Rente kapitalisiert mit einem Vervielfältiger, der sich nach der Rentenformel errechnet oder in der einschlägigen Tabelle der WertV aus dem Liegenschaftszins und der Restnutzungsdauer des Gebäudes ergibt. Die beiden Teile, Bodenwert und Gebäudeertragswertanteil, ergeben zusammen dann den Ertragswert der zu bewertenden Immobilie.

5.6 Kapitalisierungszinssätze

5.61 Zur **Kapitalisierung des Reinertrags von Immobilien für die Berechnung des Ertragswerts wird der Zinssatz** herangezogen, mit dem der laufende Reinertrag der jeweils zu bewertenden Immobilien deren Marktwert erfahrungsgemäß verzinst. Dieser aus dem Marktvergleich (s.o. Ziff. 2.12, 2.13) gewonnene Zinssatz wird auch als **laufende Liegenschaftsrendite** bezeichnet. Bei neuen Objekten ähnelt er der sogenannten Anfangsrendite. Die unterschiedlichen marktüblichen Liegenschaftsrenditen sind ein wesentlicher Schlüssel für die Bewertung von Liegenschaften und die Berechnung von deren Beleihungswerten.

Die Liegenschaftszinssätze der einzelnen Objekte und Objektarten unterscheiden sich im Wesentlichen nach

- den mit dem jeweiligen Objekt verbundenen Risiken,
- dessen Verkäuflichkeit und
- der allgemeinen Lage am Kapitalmarkt.

Der Kapitalisierungszinssatz für die Bewertung ist nach der Art des Grundstücks (z.B. Mietwohnobjekt, Geschäftsgrundstück, gewerblich genutztes Objekt, etc.) und der Lage am Grundstücksmarkt zu bestimmen. (WertV § 16 Abs. 2 u. 3). Näheres zur Entstehung dieser Zinssätze siehe unten Kapitel 9 und im Handbuch (Nr. 19, S. 220ff.).

5.62 Für die Kapitalisierung des Ertragswertes in der Beleihungswertermittlung wird man, das folgt sinngemäß aus § 12 HBG, den objekttypischen Zinssatz – nachhaltig, d.h. vorsichtig, wählen. Das gilt besonders in Zeiten einer guten bis sehr guten Immobilienkonjunktur, in denen die Immobilienpreise hoch sind und die laufenden Marktrenditen der Immobilien relativ niedrig liegen.

5.63 Für den Beleihungswert gilt hier in Absprache mit dem BAKred **innerhalb der gegebenen Bandbreiten** zusätzlich folgendes:

▷ **Wohnobjekte** sollen nicht unter 5% kapitalisiert werden.

▷ **Gewerbeobjekte** (Bürogebäude, Geschäftshäuser, Verkaufsobjekte) sollen nicht unter 6% kapitalisiert werden. Neuerdings ist **für besonders begehrte innerstädtische Büro- und Geschäftshäuser** unter entsprechender Begründung ausnahmsweise ein Kapitalisierungszinssatz von mindestens 5,5% zulässig (s. hierzu auch Teil II, „Wesentliche Aspekte der Beleihungswertermittlung“).
▷ Für **Industrieobjekte** sind in der Regel höhere Zinssätze zu verwenden.

Wenn die **marktübliche Liegenschaftsrendite im Einzelfall höher** liegt als die ebengenannten Untergrenzen, z. B. bei Wohnhäusern mit hohen Mieten, Einkaufsmärkten, den meisten reinen Gewerbeobjekten wie Hotels, Lagerhallen und dergleichen, ist selbstverständlich diese höhere Liegenschaftsverzinsung für die Kapitalisierung heranzuziehen.

5.64 Die soeben dargelegte **untere Begrenzung** der Kapitalisierungszinssätze ist eine der **wesentlichen „Bremsen“ gegen Überbewertungen**, vor allem in Zeiten hoher Immobilienpreise. Die Hypothekarinstitute können damit einem spekulativ überhöhten Anstieg der Immobilienpreise nicht beliebig folgen und diese finanzieren. Sie leisten dadurch einen wesentlichen Beitrag zur Dämpfung derartiger Übertreibungen, denen erfahrungsgemäß nach einiger Zeit „die Luft ausgeht“ und zwangsläufig ein Preiszusammenbruch folgt, der um so deutlicher ausfällt, je hemmungsloser die vorherige spekulative Preisexplosion war.

Nach dem Bericht der Weltbank „The 1985 to 1994 Global Real Estate Cycle: Its Causes and Consequences“ hat in Deutschland unter anderen die vorsichtige Beleihungswertermittlung mit zu der hohen Stabilität auf den nationalen Immobilienmärkten beigetragen.

Diese Begrenzung führt weiter zu dem Ergebnis, daß die Ertragswerte wenig riskanter Mietwohnobjekte auch für Beleihungszwecke nicht allzu weit unter deren Verkehrswerten liegen können. Bei Objekten mit höherem Risiko ist entsprechend deren größeren Preisschwankungen der Abstand zwischen Verkehrswert und Beleihungswert aber deutlich größer. Das gilt auch für die im allgemeinen **zur Beleihung sehr begehrten innerstädtischen TOP-Objekte**. Deren Preise erreichen bei den meist nur wenigen Verkäufen in den einzelnen deutschen Städten ein sehr unterschiedliches Vielfaches der Jahresmieten. In der immer noch leicht wachsenden Stadt München müssen sich beispielsweise die Käufer solcher innerstädtischen TOP-Objekte seit Jahren im Boom mit Renditen zwischen 3% und 4,0 %, in der Baisse mit nicht mehr als 5 % – 5,5% zufrieden geben. In Hamburg, dem Rhein-Ruhrraum und in Berlin liegen die Renditeerwartungen auch für gesuchte Objekte um etwa 1,0 – 1,5 % höher. Die jüngste Immobilienkrise hat gezeigt, daß in der Baisse auch die Mieten und die Preise dieser Objekte spürbar nachgeben. So risikolos, wie mitunter angenommen, sind folglich auch solche TOP-Objekte nicht. Das geringste Preisrisiko haben noch immer **gängige Eigenheime in guten Lagen und günstige Mietwohnhäuser** mit guter Ausstattung, schönen Grundrißen, begehrten Wohnungsgrößen und mit von vielen Bürgern bezahlbaren Mieten. Diese, nicht die Prestige-Top-Objekte mit oft nur wenigen anspruchsvollen Mietern, **sind für**

ein Hypothekarinstitut die sichersten und begehrenswertesten Beleihungsobjekte, bei denen infolgedessen der Abstand zwischen Verkehrswert und Beleihungswert relativ gering sein kann.

5.7 Gesamtnutzungsdauer, Restnutzungsdauer

5.71 Die voraussichtliche Restnutzungsdauer eines Bewertungsobjektes wird an zwei Stellen benötigt. Zunächst in der Sachwertberechnung für den Ansatz der Gebäudewertabschreibung (WertV § 23) und dann bei der Ertragswertberechnung zur Gewinnung des Vervielfältigers für die Kapitalisierung des Gebäudeertragsanteils; beim älteren Verfahren (s.o. Ziffer 5.51) zur Gewinnung des notwendigen laufenden Abschreibungsbetrages. Für den Ansatz der jeweiligen Nutzungsdauer gibt es zwar keine Vorgaben und Absprachen mit dem BAKred. Doch lassen sich die voraussichtliche Gesamt- und Restnutzungsdauer nur im Zusammenhang mit den in den Bewirtschaftungskosten enthaltenen Ansätzen für die Instandhaltung betrachten. Im Übrigen weichen in der Beleihungswertermittlung die Gesamt- und die Restnutzungsdauer nicht gegenüber den Ansätzen in der Verkehrswertermittlung ab.

5.72 **In Deutschland** wird die Gesamtnutzungsdauer der Bewertungsobjekte entsprechend der in der Regel soliden Bauweise meistens relativ langfristig gewählt; Wohnobjekte meist 80 Jahre; Bürogebäude je nach Bauqualität und Technik 50 – 80 Jahre; gewerbliche Objekte anderer Art entsprechend kürzer (Einkaufsmärkte 30 – 50 Jahre; Hotels 60 – 70 Jahre; Lagerhallen 20 – 40 Jahre). Dabei wird unterstellt, daß aus den dafür in der Ertragsrechnung nach der Erfahrung in ausreichender Höhe abgesetzten jährlichen Instandhaltungsbeträgen nicht nur die unumgänglichen laufenden Instandsetzungen, sondern auch die in größeren Abständen erforderlichen Großreparaturen und Modernisierungen ausgeführt werden. Dies entspricht den durch das härtere Klima bedingten Gepflogenheiten in unserem Lande.

5.73 **Sachverständige, die im Ausland tätig sind**, setzen in ihren Ertragsrechnungen oft deutlich geringere Beträge für Instandsetzungen ab, legen ihren Berechnungen dann aber entsprechend kürzere Nutzungszeiträume zu Grunde. Der etwas höhere Reinertrag wird mit einem geringeren Vervielfältiger kapitalisiert. Beide Rechnungen führen zu ähnlichen Werten. Vor allem in Ländern mit milderem Klima wird weniger repariert und dafür früher abgebrochen oder einem Neubau ähnlich umgebaut und grundrenoviert. Der Sachverständige richtet sich hier am besten an den landesüblichen Gepflogenheiten aus.

5.74 Bei einer Restnutzungsdauer von über 50 Jahren kommt es in der Regel auf einige Jahre mehr oder weniger nicht an, denn Vervielfältiger und Ertragswert ändern sich bei so langen Laufzeiten nur wenig. Bei den heute mit steigendem Alter der Beleihungsobjekte zunehmenden kürzeren Restlaufzeiten muß die restliche Nutzungsdauer aber schon mit Sorgfalt festgelegt werden. Mit zunehmender, einer erhöhten Abnutzung und wirtschaftlichen Veralterung unterliegender technischer Ausstattung, insbesondere der gewerblich genutzten Objekte, sollte die bei der Wertermittlung anzusetzende Nutzungsdauer vermindert werden.

6 Beleihungswert und Hypothekarkredit bei Konjunktur- und Geldwertschwankungen

Dieses sehr interessante und zur Vermeidung von Risiken wichtige Thema kann im Rahmen dieses Textes nur relativ kurz behandelt werden. Mehr dazu findet sich im Handbuch (Nr. 19 ab S. 169), worauf ausdrücklich verwiesen wird.

6.1 **Konjunkturschwankungen** gab es immer und wird es auch immer geben

6.11 Man muß **unterscheiden zwischen der allgemeinen Konjunktur und der speziellen Konjunktur auf den verschiedenen Immobilienmärkten**. Beide hängen zusammen. Schließlich haben die Verhältnisse auf den Immobilienmärkten wegen der hohen Bedeutung der Bauwirtschaft für das gesamte Wirtschaftsleben („Schlüsselindustrie") starke Auswirkungen auf die Allgemeinkonjunktur (siehe auch oben Ziffer 1.21).

6.12 **Die Immobilienkonjunktur** ist mitunter von der Allgemeinkonjunktur unabhängig, besonders wenn eine Marktschwäche durch Überangebot infolge überzogener Bautätigkeit ausgelöst wird. In den fünfziger und sechziger Jahren des zurückliegenden Jahrhunderts gab es nur wenige und dann kaum sehr spürbare Schwächephasen an den Immobilienmärkten. Zu groß war der Nachholbedarf aus den fünfzig Jahren ab 1914, in denen eigentlich nur in den Jahren von 1925 – 1930 und 1934 – 1938 größere Investitionen an den Immobilienmärkten erfolgten. Sonst herrschte entweder Wirtschaftskrise (1930 – 1934) mit hohem Rückgang des Bedarfs an Wohn- und Gewerberäumen oder Aufrüstung (ab 1936) mit zunehmender Knappheit an Baumaterial oder Krieg mit großen Immobilienzerstörungen und nachfolgender Inflation. In den drei Jahrzehnten nach 1970 hatten wir jeweils eine Phase lokal sehr unterschiedlich schwacher Immobilienmärkte (1973 – 1976, Tiefpunkt der Marktschwäche Köln, München); 1980 – 1984, Tiefpunkt der Marktschwäche Nord- und Westdeutschland, ländliche Gebiete) und 1994 – 2000, Tiefpunkt der Marktschwäche Hamburg, Berlin, Neue Bundesländer). Heute wissen wir, welcher mitunter erhebliche Preisverfall in solchen Zeiten möglich ist.

6.13 **Motor dieser** auch als „Schweinezyklus am Immobilienmarkt" bezeichneten **Schwankungen** ist die infolge der langen Planungs- und Bauzeiten kaum zu glättende zyklische Bautätigkeit. Das war schon in der Zeit zwischen 1870 und 1914 so. Im Zeitpunkt der Fertigstellung und Vermarktung (Verkauf, Vermietung) einer Immobilie sind die Marktverhältnisse mitunter völlig andere als beim Ankauf des Grundstücks und dem Beginn der Planung. Für die Beleihungswertberechnung kann man nur versuchen, diese Schwankungen zu glätten; das heißt in Boomzeiten mit spekulativen Preissteigerungen sind die Beleihungswerte stärker unter den dann überhöhten Marktwerten zu halten; in der

Baisse können die Beleihungswerte hingegen bis nahe an die dann meist stark gedrückten Marktwerte herangeführt werden. Das gilt vor allem, wenn das Bewertungsobjekt einen sicheren Ertrag zur Bezahlung der Annuitäten abwirft.

6.2 Geldwertschwankungen

Starke Geldwertschwankungen sind nicht minder gefährlich.

6.21 Wenn die **Preise** in einer **inflatorischen Phase** deutlich **steigen**, steigen anfangs gewöhnlich auch die nominellen Werte der Immobilien, jedenfalls soweit ihre Erträge nicht künstlich niedriggehalten werden (Mietenstopp u. dergleichen). Dieser Preisanstieg zieht häufig eine erhöhte, teilweise spekulative Bautätigkeit nach sich (Stichwort „Betongold"), die in der Folge zu einem Überangebot und damit trotz weiteren Geldwertverlusten zu schwachen Immobilienmärkten führt. Sachwertbetonte Objekte, vor allem Eigenheime und Eigentumswohnungen, sind solchen spekulativen Bewegungen stärker unterworfen als die mietabhängigen Renditeobjekte. Es sei denn, diese werden rein spekulativ auf Vorrat erstellt und finden bei Fertigstellung zu den kalkulierten Sätzen keinen Mieter; eine Entwicklung, die wir in den zurückliegenden Jahren vor allem bei Bürogebäuden, insbesondere in den neuen Bundesländern vielerorts beobachten konnten.

Die Geldschulden werden in inflationären Zeiten zwar laufend entwertet, für den Immobilieneigentümer wirkt sich das aber nur so lange günstig aus, wie auch die Immobilenpreise und die Mieten ansteigen und die in Inflationszeiten allgemein steigenden Darlehenszinsen wegen rechtzeitiger günstiger langfristiger Konditionenvereinbarung noch nicht zum Tragen kommen.

6.22 Die umgekehrte – deflationäre – Bewegung mit sinkenden Güterpreisen und steigendem Geldwert ist für Immobilieneigentümer wahrscheinlich **noch gefährlicher**, da die meist vorhandenen hohen Geldschulden gleichbleiben, aber die Mieten sinken, mitunter trotz längerfristiger Mietvereinbarungen; vor allem gute Mieter drohen mit Auszug, wenn keine vorzeitige Mietminderung zugestanden wird. Die Zinsen geben allerdings nach, was den Schuldnern aber erst nach Auslauf der jeweiligen Zinsbindungsfrist zu Gute kommt. Im Übrigen finden wir deflationäre Perioden meist in Phasen schwacher Allgemeinkonjunktur und schwacher Immobilienmärkte, die eine rasche Neuvermietung erschweren.

6.3 Beleihungswerte müssen Schwankungen glätten

Die letztlich zwangsläufig auf dem jeweiligen Marktgeschehen fußenden Beleihungswerte müssen diese permanenten Preisveränderungen glätten. Wie soeben unter (Ziffer 6.1) schon erwähnt, können die Beleihungswerte nach unserem

Bewertungssystem in Haussezeiten nur verhalten nachgezogen werden und erst dann, wenn das erhöhte Preisniveau als längerfristig gesichert erscheint. Die Beleihungswerte müssen in Boomphasen stärker hinter den dann überhöhten Verkehrswerten zurückbleiben. Auf keinen Fall dürfen erwartete Preissteigerungen vorweggenommen werden, wie das beispielsweise bei Bewertungen nach der sog. DCF-Methode durchaus üblich ist (s. Ziff. 4.53). Eine Verstärkung der Hausse durch zu großzügige Kreditgewährung ist zu vermeiden. Der spätere Markteinbruch wäre um so schlimmer.

Andererseits kann in ausgesprochenen Baisseperioden, besonders gegen deren Ende, der Abstand zwischen den dann meist stark gedrückten Verkehrswerten – soweit es dann überhaupt noch einen funktionierenden Immobilienmarkt gibt – und den Beleihungswerten schrumpfen.

Die richtige Anpassung der Beleihungswerte an die Bewegungen der Immobilienkonjunktur ist einer der Schlüssel, um im Hypothekarkredit das Beleihungsrisiko auch auf unseren, gegenüber den ersten drei Jahrzehnten nach dem zweiten Weltkrieg wesentlich volatileren Immobilienmärkten niedrig zu halten. Nur mit dem oben unter den Ziffern 3.3 und 5 angesprochenen flexiblen Bewertungsverfahren der größeren Hypothekarinstitute und Versicherungen ist die hier geforderte „geschmeidige" Anpassung an die Veränderungen auf den Immobilienmärkten möglich.

6.4 Die Immobilienkrise nach 1993

Es seien einige Bemerkungen zur Immobilienkrise der sieben Jahre nach 1993 eingeschoben.

Diese Krise war härter als die gewohnten zyklischen Bewegungen, denn sie hatte zusätzliche Ursachen:

▷ Durch den **Beitritt der neuen Bundesländer** hat im erweiterten Bundesgebiet die durchschnittliche Besiedlungsdichte abgenommen. Der Bevölkerungsdruck zwischen unserer „Westgrenze" und dem „Eisernen Vorhang" zum Ostblock ging zurück, vor allem auch psychologisch. Besonders ausgewirkt hat sich das auf Berlin, wo heute zunehmend vor allem Familien mit Kindern ins Umland ziehen und sich die bis zur Wende aus vielfachen Gründen hohen Bau- und Immobilienpreise inzwischen normalisiert haben.

▷ **Außerdem wird** seit geraumer Zeit unter dem Druck leerer Staatskassen **die jahrzehntelange Subventionierung unserer Immobilienmärkte**, insbesondere durch vielfache Sonderabschreibungen und direkte öffentliche Hilfen, etwa billige Staatsdarlehen, aber auch bei der Erbschaftssteuer, **abgebaut**. Ein erheblicher Teil dieser Subventionen landete am Ende nicht bei den Bauherren und Besitzern von Eigenheimen, sondern über erhöhte Boden- und Baupreise bei den Grundstücksverkäufern und Bauträgern. Diese Subventionen sind auch die Ursache für die am deutschen Immobilienmarkt gegenüber unseren westeuropäischen Nachbarländern in den zurückliegenden Jahrzehnten um 0,5–2 % niedrigeren Liegenschaftsrenditen, d. h. entsprechend höheren Preisen. Jetzt erleben wir den Ausgleich. Bei unseren westlichen Nachbarn sehen wir freundliche Immobilienpreise infolge der auf dem europäischen Markt, nicht zuletzt durch unseren ausgefeilten Hypothekarkredit, verbesserten Finanzierungsmöglichkeiten; in Deutschland gaben die Immobilienpreise nach, um mit den höheren Liegenschaftsrenditen der Nachbarn gleichzuziehen. Die neunziger Jahre waren deshalb vom Standpunkt der deutschen Vermögensanleger keine guten Immobilienjahre. Renten und Aktien warfen weit höhere Erträge ab. (siehe auch Ziff. 8). Diese Phase läuft zur Zeit aus. Das Ergebnis ist durchaus gesund. Die Marktpreise geben zunehmend die wahren Austauschverhältnisse wieder. In Zukunft können wir, vor allem in den Ballungsräumen, durchaus wieder freundliche Immobilienpreise erwarten.

7 Besonderheiten in der Beleihung und Bewertung bei den verschiedenen Immobilienarten

7.1 Unbebaute Grundstücke

Hier unterscheidet man in Anlehnung an die WertV (§ 4):
Siehe auch Studienbrief „Grundlagen der Wertermittlung" (Nr. 12, S. 23ff.) und Kleiber (Nr. 16, ab S. 381).

7.11 Land- und forstwirtschaftliche Grundstücke

▷ Das sind **entsprechend genutzte oder nutzbare Flächen** (Ackerland, Grünland, Wald, landwirtschaftliche Nebenflächen). Auch Un- und Ödland sowie viele Wasserflächen zählen hierzu.

▷ Sie werden **in der Regel nach Vergleichswerten** bewertet, wobei kleine Flächen je qm meist teurer sind als große. Die Werte unterscheiden sich nach Lage (insbesondere der Entfernung zum nächsten Ort), Zufahrtsmöglichkeit, Bodenqualität und der wesentlich davon abhängigen Ertragsfähigkeit sowie der örtlich sehr unterschiedlichen Nachfrage. Diese wiederum ist unter anderem abhängig von der Struktur der landwirtschaftlichen Betriebe, der Kaufkraft der örtlichen Landwirte, der Nachfrage nach landwirtschaftlichen Flächen für außerlandwirtschaftliche Zwecke, dem allgemeinen Bedarf an Bauland und der Aussicht auf eine eventuelle spätere Umwidmung in Bauland.

▷ Eine gesonderte Beleihung einzelner landwirtschaftlicher Grundstücke ist selten. Meistens werden solche Grundstücke im Zusammenhang mit einer landwirtschaftlichen Hofstelle im Rahmen eines landwirtschaftlichen Betriebes beliehen. Hier kommt es dann neben dem Beleihungswert wesentlich auf die dauerhafte Leistungsfähigkeit des Betriebes für die Zahlung von Annuitäten an. Mitunter werden einzelne landwirtschaftliche Grundstücke als Zusatzpfand bei der Beleihung von anderen Objekten mitbelastet.

Einzelne **Waldgrundstücke** werden meist im Zusammenhang mit anderen Objekten beliehen. Wegen der leichten Abtreibbarkeit können die Holzbestände dabei **nicht** mitbewertet werden. Die **Beleihung geschlossener Forstbetriebe** – dann mit Holzbestand – ist sehr selten und erfordert für die Bewertung einen Spezialisten. Wegen der geringen Rendite solcher Betriebe orientiert sich eine langfristige Beleihung letztlich an dem Betrag, der auf Dauer aus dem Forstbetrieb für den Kapitaldienst bereitgestellt werden kann.

7.12 Bauerwartungsland und Bauland

▷ Maßgebend ist hierfür die **Bauleitplanung** im **Flächennutzungsplan** der jeweiligen Gemeinde. Hier sind die einzelnen Bauflächen und Baugebiete sowie deren grobe Nutzung festgelegt; (Wohngebiete, gewerbliche Bauflächen, gemischte Bauflächen und Sonderbauflächen). Zur weiteren Untergliederung wird auf den Studienbrief „Grundlagen der Wertermittlung" (Nr. 12) verwiesen.

▷ Nähere Festlegungen erfolgen im Einzelfall dann im jeweiligen **Bebauungsplan**, der auch Angaben über das zulässige Maß der baulichen Nutzung des Geländes enthält. Dafür werden für die betroffenen Grundstücke eine Grundflächenzahl und eine Geschoßflächenzahl, bei reinen Gewerbe- und Industriegebieten eine Baumassenzahl festgelegt. Näheres siehe Baunutzungsverordnung (BNVO) und Studienbrief „Grundlagen der Wertermittlung" (Nr. 12) sowie in der einschlägigen Literatur (vor allem bei Kleiber, Nr. 16, S. 381 ff.) und oben Ziff. 4.22, 4.36).

▷ Je nach dem Erschließungsgrad kennen wir für die weitere Entwicklung von Bauland folgende **Zustandsstufen**:

– **Begünstigtes Agrarland.**
Hier besteht eine erste Hoffnung für eine spätere Umwidmung in Bauland. Es gibt noch keinerlei Festlegungen. Die Preise enthalten aber bereits einen je nach den weiteren Aussichten unterschiedlichen Zuschlag zum rein landwirtschaftlichen Bodenwert. Mitunter werden solche Flächen dann gar nicht zu Bauland aufgezont, erzielen aber als Tausch- oder Ersatzflächen für andere Grundstücke einen erhöhten Preis. Da die Preise und Werte solcher Grundstücke einen hohen spekulativen Einschlag enthalten, sind sie für eine langfristige Beleihung besonders vorsichtig zu bewerten.

– **Bauerwartungsland.**
Hier ist in der ersten Stufe (**subjektives** Bauerwartungsland) eine Bebauung in absehbarer Zeit denkbar. Im Flächennutzungsplan ist das Gelände jedoch noch nicht als Bauland ausgewiesen. Die erhöhten Preise solcher Grundstücke enthalten ein besonderes Risiko, da weder der Zeitpunkt noch die Auflagen für den Ausweis als Bauland im Flächennutzungsplan bekannt sind. Auch hier erfordert eine etwaige Beleihung eine besonders vorsichtige Bewertung.

Die zweite Stufe (**objektives** Bauerwartungsland) liegt vor, wenn das Gelände im **Flächennutzungsplan als Bauland** ausgewiesen ist. Hier steht allerdings auch weder der Zeitpunkt noch das Ausmaß der endgültig möglichen Nutzung fest. Die Möglichkeit einer Bebauung ist aber gegeben.

– **Rohbauland** (Brutto- und Nettobauland).
Der Bebauungsplan ist erstellt. Die vorgesehene Nutzung liegt damit fest.
Bruttobauland enthält noch die abzutretenden Gemeinbedarfsflächen (Straßenland etc.);
Nettobauland ist das nach Abtretung dieser Flächen verbleibende endgültige Bauland. Die Beleihung solcher Grundstücke enthält schon weit weniger Risiko.

– **Baureifes Land.**
Hier stehen die **Erschließungskosten** fest. Sie sind bei erschließungsbeitrags**pflichtigen** Grundstücken noch nicht und bei erschließungsbeitrags**freien** Grundstücken bereits bezahlt.

7.13 **Abbauland** sind Flächen, auf denen Kies, Lehm und dergleichen abgebaut wird. Welche Bodenvorräte dem Eigentümer zustehen ist im Bundesberggesetz § 3 Abs. 2 und 4 geregelt. Abbauland kann von Hypothekenbanken in der Regel nur im Rahmen des Außerdeckungsgeschäfts beliehen werden (§ 12 Abs. 3 HBG). Dabei ist hinsichtlich der Tilgung streng auf die Größe des Vorrats und die mögliche Dauer des Abbaus zu achten. Am Rande großer Städte wird mitunter auch für die spätere Verfüllung der ausgebeuteten Flächen mit Bauschutt und dergleichen (soweit aus Umweltgründen zulässig) ein Erlös erzielt. Mitunter sind spätere Rekultivierungskosten als Belastung zu berücksichtigen. Näheres zur Bewertung und Beleihung von Abbauland siehe Kleiber, Nr. 16, S. 390ff. und S. 407f).

7.14 Die Bewertung von Bauland erfolgt nach dem **Vergleichswertverfahren**. Sind nicht genügend Vergleichswerte vorhanden, kann – mit der notwendigen Vorsicht – auf das **Residualverfahren** zurückgegriffen werden. Es eignet sich auf jeden Fall für eine Wertkontrolle. Die örtlichen Gutachterausschüsse (vgl. §§ 192ff BauGB) ermitteln Bodenrichtwerte, die als Grundlage einer Beleihungsbewertung herangezogen werden können. Bei unterschiedlicher Ausnutzung eines Grundstücks müssen die Bodenrichtwerte entsprechend umgerechnet werden; auch sind etwa noch zu zahlende Erschließungskosten zu beachten. Siehe Studienbrief „Grundlagen der Wertermittlung" (Nr. 12, S. 27ff. und Kleiber Nr. 16, S. 381ff.).

7.15 Die **Beleihung von Bauland** ist für reine Hypothekenbanken in § 12 Abs. 3 HBG wegen der damit verbundenen besonderen Risiken dem Volumen nach begrenzt.

Bei einer Beleihung ist neben der Frage, ob überhaupt ein Bedarf für weiteres Bauland besteht, zu beachten, daß aus solchen Grundstücken bis zur Bebauung kein oder nur ein sehr geringer Ertrag, etwa eine landwirtschaftliche Pacht, fließt. Im Insolvenzfall laufen deshalb die Zinsen auf. Bei einer längeren Dauer der Verwertung, die insbesondere bei noch nicht feststehender baulicher Nutzung zu erwarten ist, erreicht die Forderung des Hypothekars schon in wenigen Jahren den vollen Wert des Geländes.

Baulandbeleihungen enthalten deshalb ein **höheres Risiko** und sind sehr sorgfältig zu prüfen. Sie sollten nur an sehr solvente Darlehensnehmer ausgereicht werden.

7.2 Eigenheime und Ein- und Zweifamilienwohnhäuser

Sie gehören zu den sichersten Beleihungsobjekten und haben in den gängigen Lagen einen breiten Markt. Sie werden am Markt gewöhnlich in Anlehnung an den **Sachwert** bewertet. Für ältere, sehr große oder besonders aufwendig ausgestattete Objekte ist vom Sachwert ein gesonderter **Marktanpassungsabschlag** erforderlich. Seine Höhe bemißt sich nach der Erfahrung des Sachverständigen.

Mit verschiedenen, hier nicht weiter zu erörternden Nebenrechnungen kann ein solcher Marktanpassungsabschlag überprüft werden. Siehe auch Kleiber (Nr. 16, S. 625ff. und S. 1124 f). In gesuchten Lagen mit steigender Nutzung wird für ältere Objekte häufig schon nach 30 – 40 Jahren Standzeit nur mehr der – inzwischen allerdings deutlich gestiegene – Bodenwert bei einer Neubebauung bezahlt. Häufig werden diese Objekte nach einem Verkauf dann auch tatsächlich total umgebaut oder abgebrochen. Eine Sachwertberechnung auf Basis der aktuellen Bodenwerte läge infolgedessen zu hoch.

Eine Ertragswertberechnung ist bei Ein- und Zweifamilienwohnhäusern oft entbehrlich, zur Erhärtung des Werturteils aber dennoch sinnvoll, dann aber mit einem marktgerechten Kapitalisierungszinssatz, der bei solchen Objekten in der Regel deutlich unter 5 % liegt.

7.3 Mietwohnobjekte

Sie gehören ebenfalls zu den klassischen Beleihungsobjekten. Für die Beurteilung kommt es neben der Lage besonders auf die Grundrißgestaltung und Ausstattung sowie die Größe der einzelnen Wohnungen an. Diese Objekte liefern einen von der Person des Darlehensnehmers unabhängigen Ertrag, aus dem neben den laufenden Bewirtschaftungskosten die Annuitätenraten bezahlt werden müssen. Im Falle der Insolvenz kann der Hypothekar die Mieten im Wege der Zwangsverwaltung einziehen. Dadurch läßt sich in der Regel auch ein langes Verwertungsverfahren durchstehen.

Solche Objekte, die man auch als Ertragswertobjekte bezeichnet, werden vornehmlich nach dem **Ertragswertverfahren** bewertet. Siehe hierzu auch Teil II, „Wesentliche Aspekte der Beleihungswertermittlung". Der Sachwert besitzt eine Kontrollfunktion.

Ergibt sich ein **unerwartet großer Unterschied zwischen Sach- und Ertragswert**, ist entweder eine Bebauungsreserve vorhanden (Sachwert höher als Ertragswert) oder das Objekt besonders ertragreich (Ertragswert übersteigt Sachwert erheblich). Dann stellt sich die Frage, ob in der betroffenen Gegend eine verstärkte Neubautätigkeit zu erwarten ist, die in der Folge meist zu niedrigeren Mieten führt. Die Mieten in der Bewertung wären dann u.U. nicht nachhaltig, die auf der Basis dieser Mieten errechneten Ertragswerte zu hoch.

7.4 Eigentumswohnungen

Wohnungseigentum ist das Sondereigentum an einer Wohnung in Verbindung mit dem Miteigentumsanteil an dem gemeinschaftlichen Eigentum, zu dem es gehört. (Studienbrief „Grundlagen der Wertermittlung", Nr. 12, S. 119ff.). Der Bestand an Eigentumswohnungen hat in den letzten drei Jahrzehnten vor allem in den besseren Lagen der Städte deutlich zugenommen. Je schwerer es wegen der steigenden Bodenpreise wurde, neue Mietwohnungen ohne Subventionen zu für die breite Bevölkerung bezahlbaren Mieten zu erstellen, desto mehr rückte das Wohnungseigentum in den Vordergrund. Viele Mitbürger, denen ein Eigenheim zu groß ist oder zu weit vom Stadtkern entfernt liegt, erhalten mit dem Wohnungseigentum die Möglichkeit zum Erwerb von Immobilieneigentum.

Am Markt werden einzelne Eigentumswohnungen überwiegend nach **Vergleichswerten** je qm Nutzfläche beurteilt und bewertet, vor allem, solange sie neuwertig sind. Dieses Verfahren ist auch zur Ermittlung des Beleihungswerts einzelner Eigentumswohnungen üblich und zulässig. Siehe Teil III, Beispiel Nr. 10. Längerfristig vermietete Eigentumswohnungen erzielen am Markt gewöhnlich niedrigere Preise als eigengenutzte, da sie im Falle eines Verkaufs vom Käufer nicht sofort bezogen werden können. Mehrere Eigentumswohnungen eines einzelnen Eigentümers (gewöhnlich mehr als drei Stück) sollen allerdings nach dem Ertragswertverfahren bewertet werden, da hier der Kapitaldienst aus dem Mietertrag der Objekte aufgebracht werden muß. Auch die Preise älterer Eigentumswohnungen liegen häufig nur wenig über deren Ertragswert.

7.5 Wohn- und Geschäftshäuser

Hier handelt es sich um sogenannte gemischt genutzte Objekte. Gewöhnlich enthalten sie im Erdgeschoß Verkaufsräume (Läden und dergleichen) und in den oberen Geschoßen Wohnungen, vielleicht auch einmal einige Büroräume. Solche Objekte befinden sich oft in guten Lagen und gehören zu den für eine Beleihung am meisten begehrten. In neuerer Zeit sind in zweitrangigen Lagen allerdings die Ladenflächen mitunter nur schwer zu vermieten, sofern sich in der Nähe moderne Verkaufsräume befinden.

Bewertet werden solche Objekte ebenfalls in erster Linie nach dem **Ertragswert**. Der Sachwert besitzt mehr eine Kontrollfunktion. Für die Beleihungswertermittlung hat es sich bewährt die Erträge aus gewerblichen und aus Wohnungsmieten getrennt zu berechnen und auch getrennt mit den jeweiligen Zinssätzen (Wohnteil mindestens 5%, Gewerbeteil mindestens 6 %) zu kapitalisieren. Man kann auch aus den beiden Teilen einen gewichteten durchschnittlichen Kapitalisierungszinssatz errechnen (siehe Teil II Bewertungsformblatt Hyp Zert und Teil III Beispiel Nr. 2).

7.6 Reine Geschäftshäuser

Dann gibt es vor allem in den Innenstädten reine Geschäftshäuser, die überwiegend dem Einzelhandel dienen. Bei ihrer Beurteilung kommt es wesentlich auf die Lage und die Ausstattung an, die hier, um die Attraktivität des Gebäudes zu erhalten, relativ häufig erneuert und verändert werden muß. Das Modernisierungsrisiko wird hier besonders deutlich.

Die Bewertung erfolgt wiederum überwiegend nach dem **Ertragswertverfahren**.

7.7 Bürogebäude

In den letzten 20 Jahren hat der Bestand und die Beleihung an solchen Objekten erheblich zugenommen. Hier kommt es wesentlich auf die Lage, die Bauweise und die technische Ausstattung an. Von modernen Bürogebäuden erwarten die Mieter heute ein hohes Maß an technischer Ausstattung, insbesondere auf dem Gebiet der Telekommunikation und für die moderne Datenverarbeitung. Der noch vor wenigen Jahren dominierende Wunsch nach einer Vollklimatisierung der Büroräume hat nicht zuletzt wegen der damit verbundenen hohen Kosten und dem Wunsch vieler Mitarbeiter nach einem natürlichen Raumklima abgenommen. Die Nutzungsdauer solcher Objekte ist heute wegen verstärkter Abnutzung und rascher technischer Veralterung gewöhnlich niedriger als bei Wohnobjekten.

Bei der Beurteilung von Büroobjekten kommt der Vermietung (Vertragsdauer, Bonität der Mieter) und der Gestaltung der Mietverträge (Miethöhe, Gleitklauseln, Vereinbarungen über die Aufteilung der Bewirtschaftungskosten zwischen Mieter und Vermieter etc.) eine hohe Bedeutung zu.

Bei der Bewertung steht das **Ertragswertverfahren** im Vordergrund.

7.8 Sonstige gewerblich genutzte Objekte

Hierunter fallen Lagerhallen, sonstige Lagergebäude (Hochregallager), Autowerkstätten, Park- und Garagenhäuser und Industrieobjekte unterschiedlichster Art. Bei der Beurteilung solcher Objekte für Beleihungszwecke **kommt es sehr auf den Einzelfall**, insbesondere auf die Konstruktion der Gebäude an, z. B.: Wie hoch ist die Laderampe? Wie hoch ist die Deckentragkraft? Steht ein ausreichender Gebäudeumgriff zur Befahrung mit LKW oder gar ein größeres Reservegelände für eine von einem Erwerber etwa beabsichtige Erweiterung zur Verfügung?

Man kann wie folgt weiter untergliedern:
7.81 **Vielseitig verwendbare Objekte.** Deren Beleihung enthält gewöhnlich ein geringeres Risiko.

7.82 **Einseitig nutzbare Objekte.** Deren Beleihung enthält grundsätzlich wegen der beschränkten Verwertungsmöglichkeit ein größeres Risiko. Hier kommt es deshalb sehr auf die Sicherheit der jeweiligen Branche und die Bonität des Darlehensnehmers an. Einseitig nutzbare Objekte sind insbesondere dann beleihbar, wenn es sich um eine Branche handelt, die viele und elementare Bedürfnisse abdeckt, z. B. Kraftwerke.

7.83 Eine **andere Gliederung** unterscheidet hier nach vermieteten und eigengenutzten Objekten, bei denen der Ertrag unmittelbar aus der gewerblichen Tätigkeit fließt.

7.84 Bei der Bewertung solcher Objekte besitzen **Sach- und Ertragswert oft gleiche Bedeutung**. Jedenfalls sind neben dem erzielbaren Ertrag umfangreiche, teilweise rein technische Überlegungen anzustellen, wie die Höhe etwaiger Umbaukosten für einen anderweitigen Nutzer und dergleichen.

7.9 Managementimmobilien

Es bleiben die sogenannten Managementimmobilien. Hierzu zählen insbesondere Einkaufszentren, Hotels, Altersheime, Rehakliniken, Krankenhäuser, Sanatorien und viele Freizeitobjekte wie z. B. Tennishallen, Vereinsheime, Golfanlagen. Gemeinsam ist diesen Objekten, daß hier Umsatz und Ertrag in besonderem Maß von der beruflichen Fähigkeit des Betreibers abhängen, weshalb man solche Immobilien auch als „Betreiberimmobilien" bezeichnet. Auch solche Objekte sind **letztlich nach dem Ertragswert** zu bewerten, wobei die Ermittlung des Dauerertrages oft schwierig ist. Einerseits sind Berechnungen anhand der vorgefundenen Wirtschaftlichkeit notwendig. Andererseits führt häufig eine Berechnung mittels einer fiktiven Miete – wenigstens als Kontrolle – zu einem plausiblen Ergebnis. Siehe hierzu auch Studienbrief „Volks- und betriebswirtschaftliche Grundlagen für den Immobiliensachverständigen" (Nr. 13) und Teil II Beispiel Nr. 11.

8 Spezielle Bewertungsfragen

8.1 Grundprinzip

In die allgemein üblichen, hier als bekannt unterstellten Rechenverfahren zur Bewertung von Immobilien sind die in Ziffer 3.3 und 5 im Einzelnen behandelten „Bremsen“ und Besonderheiten einzubauen. Am weitesten entwickelt ist derzeit das Rechenverfahren nach der WertV, für das es zusätzliche Bewertungsrichtlinien (Wert R 1976/88) gibt sowie Folgeliteratur (u. a. Kleiber, Simon, Weyers 16;) hoher Qualität, in der auch ausgefallene Spezialfragen, insbesondere die Bewertung von Dienstbarkeiten, besprochen werden (Nr. 16, ab S. 1443). Da sich deren rechnerische Behandlung in der Beleihungswertermittlung nicht von der Verkehrswertschätzung unterscheidet, genügt hier eine sehr knappe Betrachtung. Ausführlicher muß wegen einiger Besonderheiten nur auf die Bewertung von Erbbaurechten eingegangen werden.

8.2 Die Beurteilung und Bewertung von Dienstbarkeiten, Reallasten, Baulasten, Nießbrauch und Altlasten

8.21 Als **Grunddienstbarkeit** (§ 1018 BGB) bezeichnet man die Belastung eines Grundstücks (dienendes Grundstück) zu Gunsten des jeweiligen Eigentümers eines anderen Grundstücks (herrschendes Grundstück) in der Weise, daß

- dieser das Grundstück in dem jeweils festgelegten Umfang benutzen darf (Beispiel: Geh- und Fahrtrecht auf dem Nachbargrundstück).
- auf dem Grundstück gewisse Handlungen nicht vorgenommen werden dürfen (Beispiel: Gewerbebeschränkung) oder daß
- die Ausübung eines Rechts ausgeschlossen ist, welches sich aus dem Eigentum an dem belasteten Grundstück gegenüber dem herrschenden Grundstück ergibt (Beispiel: Bebauungsbeschränkung).

Grunddienstbarkeiten sind beim belasteten Grundstück in Abt. II des Grundbuchs eingetragen; beim herrschenden Grundstück können (sollen) sie im Bestandsverzeichnis vermerkt sein. Oft fehlt dieser Aktiv-Vermerk. Dann geht aus dem Grundbuch nicht unmittelbar hervor, daß diesem Grundstück Rechte an anderen Grundstücken zustehen, etwa ein Geh- und Fahrtrecht oder dergleichen. (Näheres siehe Studienbrief „Absicherung von Darlehen mit Grundpfandrechten“ Nr. 8, S. 111 ff.).

8.22 Als **beschränkt persönliche Dienstbarkeit** (§ 1090 BGB) bezeichnet man die Belastung eines Grundstücks in der Weise, daß der Begünstigte das Grundstück in einzelnen Beziehungen benutzen darf oder ihm eine sonstige Befugnis zusteht, die den Inhalt einer Grunddienstbarkeit bilden kann. (Beispiele: Dinglich gesichertes Wohnrecht, Tankstellenrecht, Supermarktdienstbarkeit). Von der unter Ziffer 8.21 aufgeführten Grunddienstbarkeit unterscheidet sich die persönliche Dienstbarkeit dadurch, daß sie nicht dem jeweiligen Eigentümer eines Grundstücks, sondern nur einer bestimmten natürlichen oder juristischen Person oder rechtsfähigen Personengesellschaft zustehen kann. (Näheres siehe Studienbrief „Absicherung von Darlehen durch Grundpfandrechte“ Nr. 8, S. 115ff.).

8.23 Die **Reallast** (§1105 BGB) ist die dingliche Belastung eines Grundstücks in der Weise, daß an den Berechtigten wiederkehrende Leistungen aus dem Grundstück zu entrichten sind (§ 1105 BGB). Zu den wichtigsten Reallasten gehören Rentenreallasten, Leibgedinge, Erbbauzinsen.

8.24 Beschränkte persönliche Dienstbarkeiten und Reallasten werden beim belasteten Grundstück **ebenfalls in Abt. II des Grundbuchs eingetragen**.

Grunddienstbarkeiten (obige Ziffer 8.21) haben **Einfluß auf den Wert** des Grundstücks und müssen demnach bei dessen Bewertung berücksichtigt werden. Je nach der Art des Rechts kann sich die Belastung etwa in einem geringeren Ertrag und dementsprechend niedrigeren Bodenwert ausdrücken; sie kann aber – häufig – auch ohne Auswirkung auf den Wert des Grundstücks bleiben.

Beschränkt persönliche Dienstbarkeiten und Reallasten sind hingegen Belastungen des Grundstücks, die sich in der Regel nicht unmittelbar auf den Grundstückswert auswirken, sondern als Belastung des Grundstücks dem hypothekarischen Recht der Hypothekenbank etc. im Range vorgehen sollen und dann im Rahmen der Beleihungsgrenze **als Vorlast zu berücksichtigen sind**. Dafür ist eine gesonderte Bewertung dieser Belastung notwendig (s. u.).

8.25 Neben diesen im Grundbuch eingetragenen Belastungen gibt es in den meisten Bundesländern noch sogenannte **Baulasten**, die nicht im Grundbuch, sondern **in einem** bei der zuständigen Baubehörde geführten **Baulastenverzeichnis eingetragen sind**. Eine Baulast ist eine häufig im Zuge der Baugenehmigung vom Grundstückseigentümer freiwillig übernommene öffentlichrechtliche Verpflichtung vielfältiger Art. Beispiele von Baulasten sind: Abstandsflächenbaulast, Stellplatzbaulast, Baulast zur Festlegung des Maßes der baulichen Nutzung und dergleichen. Siehe auch Studienbrief „Verkehrswert nach WertV und anderen Verfahren“ (Nr. 11, S. 74ff.) und Kleiber (Nr. 16, S. 1532). Baulasten können den Wert eines Grundstücks, besonders eines unbebauten Grundstücks, sehr wohl beeinflussen, weshalb vor Anfertigung eines Wertgutachtens das Baulastenverzeichnis eingesehen werden sollte. Baulasten können ein Grundstück auch nach Ausreichung einer auf dem Grundstück abgesicherten Beleihung beeinträchtigen.

8.26 Der **Nießbrauch** an einem Grundstück ist das dingliche Recht (Eintrag beim belasteten Grundstück ebenfalls in Abt. II des Grundbuchs), das Grundstück zu besitzen und die Nutzungen nach den Regeln einer ordnungsgemäßen Wirtschaft zu ziehen. Näheres siehe folgende Ziffer 8.27 und Studienbrief „Absicherung von Darlehen mit Grundpfandrechten“ (Nr. 8, S. 109) und Kleiber (Nr. 16, S. 1512ff.).

8.27 Vor der **Ermittlung des Beleihungswerts** und der Prüfung einer hypothekarischen Beleihung ist **bei allen Einträgen in Abt. II** im Grundbuch des zu beleihenden Grundstücks **zunächst zu prüfen, ob und inwieweit das jeweilige Recht die Beleihung als solche beeinträchtigt** oder gar verhindert. Ein etwa im Rang vorgehendes langfristiges **unentgeltliches Wohnrecht** schmälert für den Eigentümer, für jeden Erwerber und für den Hypothekar den Ertrag des Grundstücks und damit dessen Beleihbarkeit. Erstreckt sich ein derartiges Recht auf die gesamte Immobilie, kommt es einem **langfristigen Nießbrauch** gleich und **hindert die Beleihbarkeit völlig**. Wenn dann der Eigentümer beispielsweise noch die mit dem Objekt verbundenen Bewirtschaftungskosten tragen muß, hat die Immobilie für ihn sogar nur einen negativen Wert. Jede Beleihung scheidet dann aus.

Auch wenn solche Rechte, etwa ein Nießbrauch, im Rang hinter das hypothekarische Recht zurücktreten, bleiben sie störend; denn es stellt sich sofort die Frage, aus welchem Ertrag der Schuldner seine Annuitäten bezahlen wird. An den Ertrag des Grundstücks kommt der Hypothekar nur über die Zwangsverwaltung oder die Versteigerung des Objekts heran. Eine Mietenpfändung oder Mietabtretung scheidet aus. Sind in einem Mehrfamilienhaus nur einzelne Wohnungen von einem kostenlosen Wohnrecht oder einem Nießbrauch betroffen, hindert dies die Beleihung nicht grundsätzlich. Sie muß aber entsprechend dem fehlenden Ertrag gekürzt werden. Erst, wenn diese Prüfung ergibt, daß eine Beleihung grundsätzlich möglich ist, sind die Belastungen in Abt. II des Grundbuchs im Einzelnen zu berücksichtigen und, wenn erforderlich, gesondert vom Beleihungsobjekt zu bewerten.

Dafür gibt es relativ einfache Rechenverfahren, bei denen zwischen der Verkehrs- und Beleihungswertermittlung keine prinzipiellen Unterschiede bestehen. In der Regel wird der entgangene Nutzen – bei einem Wohnrecht beispielsweise der Ertragsausfall (Frage: Wer zahlt die Umlage für die Bewirtschaftungskosten?) – kapitalisiert. Ein Wohnrecht an einem Eigenheim, für dessen Wert vornehmlich der Sachwert herangezogen wurde, wird heute zunehmend auch sachwertbezogen bewertet. Näheres zu solchen Bewertungen findet sich in der einschlägigen Literatur (z. B.: Kleiber, Nr. 16, S. 1443ff.). Siehe auch Studienbrief „Verkehrswert nach WertV und anderen Verfahren“(Nr. 11, S. 77ff.).

8.3 Die Beurteilung und Bewertung von Erbbaurechten

8.31 **Das Erbbaurecht ist** das veräußerbare, vererbliche und belastbare **Nutzungsrecht an einem Grundstück** mit dem Inhalt, auf oder unter dem Grundstück **ein Bauwerk zu haben**. Das Erbbaurecht ist ein grundstücksgleiches

Recht. Maßgebend ist die Erbbaurechtsverordnung (Erbbau VO) vom 15. 1. 1919 in der jeweils gültigen Fassung.

8.32 Für die Ausgestaltung des Erbbaurechts ist der **Erbbaurechtsvertrag** maßgebend. Er muß die notwendigen Bestimmungen enthalten insbesondere über:

- die Art des Bauwerks,
- eine etwaige Bauverpflichtung,
- die Laufzeit des Erbbaurechts,
- Verpflichtungen des Erbbauberechtigen (Abschluß von Versicherungen, Unterhalt des Bauwerks, Höhe und Zahlweise des **Erbbauzinses**, und etwaige Gleitklauseln),
- Regelungen bei **Ablauf** und bei vorzeitigem **Heimfall** (beispielsweise bei Zahlungsverzug) des Erbbaurechts (vor allem die Festlegung einer **Entschädigung** für den Restwert des Bauwerks),
- etwaige **Zustimmungsnotwendigkeiten** des Erbbaurechtsausgebers (Grundstückseigentümers) bei Belastung und Verkauf des Erbbaurechts.

8.33 Ein Erbbaurecht, das **im Grundbuch** des Erbbau**grundstücks** (das mit dem Erbbaurecht belastete Grundstück) immer an erster Rangstelle in Abt. II als Belastung eingetragen ist, bekommt **ein eigenes Grundbuchblatt** (Erbbaugrundbuch). **Hier steht das Erbbaurecht im Bestandsverzeichnis.** Der Erbbauzins wird in Abt. II des Erbbaugrundbuchs zu Gunsten des jeweiligen Eigentümers des Erbbaugrundstücks als Reallast eingetragen. Üblicherweise werden für den Erbbaurechtsausgeber und den Erbbauberechtigten gegenseitige Vorkaufsrechte bestellt.

Näheres zur Konstruktion des Erbbaurechts siehe die Studienbriefe: „Grundlagen der Wertermittlung“ Nr. 12, S. 68ff.; „Absicherung von Darlehen mit Grundpfandrechten“ Nr. 8, S. 50ff.; „Verkehrswert nach WertV und anderen Verfahren“ (Nr. 11, S. 64ff.). Außerdem Kleiber (Nr. 16 ab S. 1447).

8.34 **Für die Beleihung wichtige Bestimmungen der ErbbauVO:**
§ 5: Als Inhalt des Erbbaurechts kann vereinbart werden, daß der Grundstückseigentümer einer Veräußerung und/oder einer Belastung des Erbbaurechts zustimmen muß.

§ 9: Nach Abs. 3 Satz 1 Erbbau VO kann als Inhalt des Erbbaurechts vereinbart werden, daß

„(1) die Reallast abweichend von § 52 Abs.1 des Gesetzes über die Zwangsversteigerung und Zwangsverwaltung mit ihrem Hauptanspruch bestehen bleibt, wenn der Grundstückseigentümer aus der Reallast oder der Inhaber eines im Range vorgehenden oder gleichstehenden dinglichen Rechts die Zwangsversteigerung des Erbbaurechts betreibt.

und

(2) der jeweilige Erbbauberechtigte dem jeweiligen Inhaber der Reallast gegenüber berechtigt ist, das Erbbaurecht in einem bestimmten Umfang mit einer der Reallast vorgehenden Grundschuld, Hypothek oder Rentenschuld im Erbbaugrundbuch zu belasten".

§ 19: „(1) Die Hypothek darf die Hälfte des Werts des Erbbaurechts nicht übersteigen. Dieser ist anzunehmen gleich der halben Summe des Bauwerts und des kapitalisierten, durch sorgfältige Ermittlung festgestellten jährlichen Mietreinertrages, den das Bauwerk bei ordnungsgemäßer Wirtschaft jedem Besitzer nachhaltig gewähren kann. Der angenommene Wert darf jedoch den kapitalisierten Mietreinertrag nicht übersteigen.

(2) Ein der Hypothek im Range vorgehender Erbbauzins ist zu kapitalisieren und von ihr in Abzug zu bringen. **Dies gilt nicht**, wenn eine Vereinbarung nach § 9 Abs. 3 Satz 1 getroffen worden ist".

§ 20 „(1) Die planmäßige Tilgung der Hypothek muß
- unter Zuwachs der ersparten Zinsen erfolgen (Annuitätendarlehen)
- spätestens mit dem Anfang des vierten auf die Gewährung des Hypothekenkapitals folgenden Kalenderjahres beginnen
- spätestens zehn Jahre vor Ablauf des Erbbaurechts enden und darf
- nicht länger dauern, als zur buchmäßigen Abschreibung des Bauwerks nach wirtschaftlichen Gesichtspunkten erforderlich ist.
- (2) Das Erbbaurecht muß mindestens so lange laufen, daß eine den Vorschriften des Abs. 1 entsprechende Tilgung der Hypothek für jeden Erbbauberechtigten oder seine Rechtsnachfolger **aus den Erträgen des Erbbaurechts** möglich ist".

§ 21 **„(1) Erbbaurechte können nach Maßgabe der §§ 11 und 12 des Hypothekenbankgesetzes** von Hypothekenbanken und nach Maßgabe des **§ 54 a Versicherungsaufsichtsgesetzes** von Versicherungsunternehmen **beliehen werden**, wenn eine dem § 20 Abs. 1 Nr. 3 u. 4 entsprechende Tilgung vereinbart wird.

(2) Auf einen der Hypothek vorgehenden Erbbauzins ist die Vorschrift des § 19 Abs. 2 entsprechend anzuwenden".

8.35 **Zu diesen Bestimmungen** ist folgendes zu bemerken:

▷ Die in § 5 als Möglichkeit vorgesehene Zustimmung des Erbbaurechtsausgebers zur Belastung des Erbbaurechts wird in der Regel vereinbart; ebenso wie eine erforderliche Zustimmung zu größeren baulichen Veränderungen und meist auch zu einem Verkauf des Erbbaurechts.

▷ Die zitierte **Bestimmung in § 9 Abs. 3 Satz 1**, mit welcher der Erbbauzins „versteigerungsfest" gemacht wird, ist erst im Jahre 1994 neu in die ErbbauVO eingefügt worden, da die Ausgeber von Erbbaurechten immer weniger bereit sind, mit dem ihnen zustehenden, auf dem Erbbaurecht in Abt. II durch eine Reallast abgesicherten Erbbauzins im Range hinter die vom Erbbauberechtigten für den Bau benötigten hypothekarischen Belastungen des Erbbaurechts zurückzutreten. (Näheres siehe unten Ziff. 8.36 „Bewertung von Erbbaurechten“)

Bei bestehenden Erbbaurechten ist für eine solche nachträgliche Vereinbarung nach § 9 Abs. 3 Satz 1 ErbbauVO allerdings die nach § 9 Abs. 3 letzter Satz erforderliche Zustimmung des Grundstückseigentümers zu beachten.

▷ **Die Laufzeit des Erbbaurechts und die Tilgung der hypothekarischen Darlehen** müssen zum Schutz von Gläubiger und Schuldner, wie oben aufgeführt, aufeinander abgestimmt sein.

▷ **§ 21 Abs. 1 Erbbau VO wurde** 1988 neu gefaßt, um den genannten Instituten bei **Erbbaurechten auch eine Beleihung bis zu 60 % des Beleihungswerts mit deckungsfähigen Darlehen zu ermöglichen**.

▷ Durch die neuen Bestimmungen in den §§ 9 und 21 hat die Verwendungs- und **Gestaltungsfähigkeit des** einst überwiegend unter sozialen Gesichtspunkten, in erster Linie für Kleinsiedlungen, konzipierten **Erbbaurechts stark zugenommen**. Einst betrugen die Laufzeiten der ausgegebenen Erbbaurechte überwiegend 80 bis zu 99 Jahre. Heute werden, insbesondere im gewerblichen Bereich, je nach der Dauerhaftigkeit der Gebäude und den angestrebten, häufig steuerlichen und bilanzoptischen Zielen, vielfach deutlich kürzere Laufzeiten, oft zwischen 40 und 60 Jahren vereinbart. Erbbaurechte findet man heute ferner bei allen Grundstücksarten, insbesondere auch bei vielen gewerblich genutzten Immobilien. Das Erbbaurecht wurde damit, ähnlich wie in vielen anderen Ländern, zu einem vielseitig verwendbaren Instrument der Grundstückswirtschaft.

▷ Von Hypothekenbanken und Versicherungen können Erbbaurechte selbstverständlich **auch über die Grenzen der §§ 19 ErbbauV0 (50 %) und 11 HBG (60 %) hinaus beliehen werden**. Der Hinweis auf die §§ 11 und 12 HBG stellt nämlich auch die Verbindung zu § 5 Abs. 1 Ziff. 2 HBG (Außerdeckungsgeschäft) her. Darlehen und Darlehensteile, welche die Grenze von 60 % des Beleihungswerts übersteigen, können in gleicher Weise wie bei den Beleihungsobjekten mit vollem Bodeneigentum nicht zur Deckung von Pfandbriefen herangezogen werden.

8.36 **Bewertung von Erbbaurechten**, allgemein

▷ Darüber sagt der Studienbrief „Verkehrswert nach WertV und anderen Verfahren“ (Nr. 11, S. 64 ff.) **für eine Marktbewertung** das Wesentliche aus. Weitere Ausführungen zur Ermittlung der Marktwerte finden sich u. a. bei Kleiber (Nr. 16, S. 1447 ff.). Für die Berechnung der Beleihungswerte wird verwiesen auf das Handbuch des Hypothekarkredits (Nr. 19, S. 233 ff.), den Kommentar zum HBG von Bellinger/Kerl. (Nr. 3, S. 1735 f.), den Kommentar zu den Beleihungsgrundsätzen der Sparkassen (Nr. 21) sowie auf die grundlegenden Ausführungen von Werth in der Zeitschrift „Der Langfristige Kredit“ (1988, Heft 17 und 18 sowie 1989, Heft 3; Lit. Verz. Nr. 29).

Zunächst ist zu unterscheiden, ob der Marktwert oder der Beleihungswert gesucht ist, sodann zwischen der Bewertung des **Erbbaugrundstücks** und der des **Erbbaurechts**.

▷ **Die Marktbewerter** bemühen sich vor allem um eine angemessene Aufteilung des Bodenwerts auf Erbbaugrundstück und Erbbaurecht. Im Übrigen ist klar, daß der Erbbauzins vom Erwerber übernommen werden muß. Infolgedessen ist der Erbbauzins bzw. eine angemessene Bodenwertverzinsung in der Ertragswertberechnung vor dem Ermitteln des Reinertrages des Erbbaurechts vom Objektertrag abzuziehen (näheres s. Studienbrief „Verkehrswert nach WertV und anderen Verfahren" Nr. 11, S. 69ff.).

Für eine **Beleihungsbewertung** kommt es in erster Linie auf die Gestaltung (liegt beispielsweise eine Vereinbarung nach § 9 Abs. 3 Satz 1 ErbbauVO vor?) und Absicherung (Rang) des Erbbauzinses an. Die §§ 19 Abs. 2 und 21 Abs. 2 ErbbauVO machen das rasch deutlich.

Auch der Wert eines Erbbaugrundstücks hängt von der Gewissheit – vom Risiko – des Eingangs des Erbbauzinses ab.

▷ **Mit einem Erbbaurecht belastete Grundstücke (Erbbaugrundstücke) können im Rang nach dem grundsätzlich an erster Rangstelle einzutragenden Erbbaurecht nicht mehr mit deckungsfähigen Darlehen beliehen werden**, vor allem, wenn noch keine Vereinbarung nach § 9 Abs. 3 Satz 1 getroffen und der Erbbauzins nicht zum Inhalt des Erbbaurechts erklärt wurde, also nicht „versteigerungsfest" ist. Der Ertrag des Erbbaugrundstücks fließt nicht mehr unmittelbar aus dem Grundstück, sondern aus der Reallast. Die Sicherheit des als Grundstücksertrag verbleibenden Erbbauzinses eines Erbbaugrundstücks hängt von der Absicherung des Erbbauzinses am Erbbaurecht ab. Tritt die Reallast des Erbbauzinses auf dem Erbbaurecht hinter das hypothekarische Recht der Beleihung des Erbbaurechts im Rang zurück, stellt der Erbbauzins für den Grundstückseigentümer für die Restlaufzeit des Erbbaurechts wirtschaftlich nur noch eine nachrangig gesicherte Rente dar. Ein Vorrang der Reallast ist günstiger. Am besten ist für das Erbbaugrundstück zweifellos der Vorrang der Reallast auf dem Erbbaurecht und eine (versteigerungsfeste) Vereinbarung nach § 9 Abs. 3 Satz 1 ErbbauVO.

Trotz mangelnder Beleihungsmöglichkeit haben Erbbau**grundstücke** einen Wert. Hin und wieder wird er auch benötigt; sei es als zusätzliche Sicherheit oder bei einem Verkauf – etwa an den Erbbauberechtigten.

Der Wert von **Erbbaugrundstücken** ist die Summe aus dem kapitalisierten Erbbauzins (Vervielfältiger aus Zinssatz und Restlaufzeit) und dem abgezinsten Wert, der dem Grundstück nach Ablauf des Erbbaurechts zukommt. (Siehe Teil III Beispiel Nr. 4a). Bei einem deutlich unter der angemessenen Bodenwertverzinsung liegendem Erbbauzins ergibt sich für das Erbbaugrundstück so nur ein geringer Wert, der entsprechend unter dem Wert liegt, den das Grundstück ohne die Belastung durch das Erbbaurecht hätte – und umgekehrt (s. u.). Ist der

Erbbauzins am Erbbaurecht sehr schlecht gesichert, ist ein Risikoabschlag erforderlich.

Dennoch werden von erbbauberechtigten Siedlern die Erbbaugrundstücke ihrer Objekte trotz eines niedrigen Erbbauzinses oft nachträglich zu erstaunlich hohen Preisen (70 – 90 % des vollen Bodenwerts) erworben. So groß ist bei guten Objekten und kleinen Grundstücken oft der Wunsch, die Immobilie zum Volleigentum zu komplettieren. Ein Außenstehender würde jedenfalls niemals einen so hohen Preis bezahlen. Bei den gewöhnlich langen Laufzeiten von Erbbaurechten müsste er sich – wenn ein Erwerb des Erbbaugrundstücks überhaupt attraktiv erscheint – streng an der finanzmathematischen Rendite orientieren. (Die Wertfaktorenregelung siehe nächster Absatz).

▷ **In der Sachwertberechnung von Erbbaurechten ist** der reguläre Bodenwert zunächst wegzulassen. Solange der Erbbauzins etwa so hoch ist wie der Zinsanspruch (Liegenschaftszins) des Grundstücks, stimmt diese Handhabung. Wenn aber, wie in den meisten Fällen, der Erbbauzins – durch die eigentlich immer von der Entwicklung der Immobilienpreise und -erträge abweichende Gleitvereinbarung (meistens nach Veränderung des Lebenshaltungsindexes) – über (selten) oder unter (häufig) dem auf das Grundstück treffenden Reinertragsteiles liegt, entstehen Mehrwerte (Wertzuschläge); entweder für das Erbbaugrundstück (hoher Erbbauzins) oder – meistens – für das Erbbaurecht (niedriger Erbbauzins). Diese finanzmathematisch zu berechnenden Mehrwerte gehen zu Lasten des jeweils anderen Immobilienteiles (Boden, Gebäude) und fließen im Verkaufsfall nach Ansicht der WertV nicht in voller Höhe in die Preise ein.

▷ Die WertV arbeitet deshalb mit **sogenannten Wertfaktoren**, deren Ableitung aber nur auf relativ wenigen echten Kaufpreisen für Erbbaurechte oder Erbbaugrundstücke beruht und die dem Gutachter einen weiten Ermessensspielraum belassen. Die Erhebungen vieler Gutachterausschüsse (siehe u. a. Jahresbericht des Gutachterausschusses der Stadt München für 1999) können diese nur auf den Bodenwert bezogenen **Wertfaktoren**, insbesondere deren Höhe, anhand der Kaufpreise für Erbbaugrundstücke und Erbbaurechte **nicht belegen**.

Das Bewertungsverfahren der WertV steht insoweit auf schwachen Füßen. (siehe auch vorhergehenden Absatz Erbbaugrundstücke).

▷ **Im Übrigen sind niedrige Erbbauzinsen** und damit solche Mehr- oder Minderwerte trotz fester vertraglicher Vereinbarungen **nicht für die gesamte Restlaufzeit völlig unabänderlich**. Viele, insbesondere private Erbbaurechtsausgeber (Grundstückseigentümer) werden, wenn Erbbauberechtigte nachträglich von ihnen eine im Erbbaurechtsvertrag vorgesehene Zustimmung, etwa für einen größeren Umbau oder eine weitere Belastung ihres Erbbaurechts benötigen, versuchen, einen zu niedrigen Erbbauzins wenigstens teilweise zu korrigieren. Auch bei einer Insolvenz des Erbbauberechtigten gibt es für die meisten Erbbaurechtsausgeber (Grundstückseigentümer), beispielsweise über ein dann im

Erbbaurechtsvertrag vorgesehenes Recht, den vorzeitigen Heimfall geltend zu machen, die Möglichkeit, einen niedrigen Erbbauzins anzupassen.

▷ In der **Ertragswertberechnung** des Erbbaurechts genügt es, den Erbbauzins neben den Bewirtschaftungskosten gesondert vom Reinertrag abzuziehen und durch Kapitalisierung des restlichen Reinertrages und Hinzufügen eines etwaigen Bodenwertanteils des Erbbaurechts (s.o.) den Ertragswert zu erhalten. Näheres siehe Studienbrief „Verkehrswert nach WertV und anderen Verfahren" (Nr. 11, S. 69ff.).

8.37 **Bewertung von Erbbaurechten für die Beleihung**
Hierbei kommt es, wie schon betont, sehr auf die Absicherung des Erbbauzinses auf dem Erbbaurecht an. (s.o. Abschnitt 8.35). Am klarsten ist eine Vereinbarung nach § 9 Abs. 3 ErbbauVO. Der Erbbauzins wird zum Inhalt des Erbbaurechts und ist „versteigerungsfest". Damit wird er, wie in der Marktwertberechnung, zu einer vor Kapitalisierung des auf das Erbbaurecht entfallenden Reinertrages abzuziehenden Ausgabe. Entsprechend zu behandeln wären Fälle, in denen ein öffentlich-rechtlicher Erbbaurechtsausgeber eine geeignete Stillhalteerklärung abgegeben hat. In den anderen Fällen sind der Rang der Reallast und die §§ 19 Abs. 2 und 21 Abs. 2 ErbbauVO zu beachten. Rangrücktritte von Erbbauzinsen hinter die Hypotheken von Erbbauberechtigten, die nach dem Kriege zur Eingliederung von Heimatvertriebenen und zum Wiederaufbau unser Städte vor allem von öffentlichen und kirchlichen Erbbauausgebern häufig eingeräumt wurden, findet man heute aus den genannten Gründen nur noch selten.

8.38 **Die Hypothekenbanken haben deshalb vor einigen Jahren** in Anlehnung an Ausführungen von Werth (s.o. Ziffer 8.36) **ein Verfahren erarbeitet**, mit dem die in der Beleihungspraxis vorkommenden Erbbaurechte für den Beleihungswert angemessen und einfacher als nach der WertV bewertet werden können. (siehe Handbuch Nr. 19, S. 234ff.).

Nach diesem Verfahren werden auch Erbbauobjekte zunächst wie Volleigentum (also mit Grundstück) bewertet.

Sodann werden in einer **ersten Zusatzrechnung** die wesentlichen Vereinbarungen des Erbbaurechtsvertrages in diese Vollbewertung durch nachträgliche Abschläge eingebaut, vor allem die Laufzeit des Erbbaurechts und die Entschädigungsregelung bei Ablauf und vorzeitigem Heimfall.

Außerdem ist ein Wertabschlag für die „allgemeinen Nachteile und Behinderungen" des Erbbaurechts gegenüber dem Volleigentum sowie die Einwirkungsmöglichkeiten des Erbbaurechtsausgebers notwendig. Für diese allgemeinen Abschläge gibt Werth eine Spannweite von 5 – 15 % des Beleihungswerts des Volleigentums an, die sich letztlich an den Einschränkungen und Auflagen im Erbbaurechtsvertrag ausrichten.

Das Ergebnis ist der Wert des Erbbaurechts, wenn der Erbbauzins **Null** wäre.

In einer **zweiten Zusatzrechnung** kommt dann unter Beachtung der §§ 19 und 21 ErbbauVO die Höhe und die Absicherung, insbesondere ein etwaiger Vorrang, des Erbbauzinses vor der Beleihung zum Ausdruck.

Dabei ist ein im Rang hinter die Beleihung zurückgetretener Erbbauzins nicht abzuziehen; ein im Vorrang abgesicherter Erbbauzins ist in kapitalisierter Form **von der möglichen Beleihung** abzuziehen; ein nach § 9 Abs. 3 Satz 1 versteigerungsfester Erbbauzins ist, da im Insolvenzfall als Inhalt des Erbbaurechts sicher bestehenbleibend, in kapitalisierter Form **vom Beleihungswert** abzuziehen. Ein solcher Abzug kommt zum gleichen Ergebnis, als wenn der Erbbauzins bei der Ermittlung des Reinertrages als Ausgabe abgesetzt worden wäre.

(Siehe auch Teil III Beispiel Nr. 4.)

8.4 Erbbaurechte (Erbpacht) in den anderen europäischen Ländern

Auch in unseren Nachbarländern kennt man teilweise unserem Erbbaurecht ähnliche Konstruktionen. Die Bewertung solcher Immobilien erfordert zunächst eine genaue Prüfung der Rechtslage in dem entsprechenden Land und eine Prüfung des jeweiligen Vertrages mit dem Grundstückseigentümer. Besonders bekannt ist das britische Leasehold, da die Grundstücke großer Teile des Landes, vor allem Londons, aus der Historie heraus alten privaten Grundbesitzerfamilien (Landlords) gehören, die ihre Grundstücke nur im Leasehold abgeben. Die Laufzeit solcher Erbpachtverträge ist gewöhnlich sehr lange, 99 Jahre und mehr. Auch in den Niederlanden und in Polen spielen Erbbau- und Erbpachtrechte eine bedeutende Rolle. Hier gehören viele Grundstücke den Städten und großen Gemeinden. (Näheres siehe Studienbrief „Europäische Immobilienmärkte und ihre Bewertungsverfahren“ Nr. 9, für Großbritannien S. 25 ff.; für Frankreich S. 58; für die Niederlande S. 81).

Die Bewertung solcher ausländischer Erbbaurechte ist in der Regel einfacher, da man in diesen Ländern eine Absicherung des Erbbauzinses durch eine Reallast am Erbbaurecht nicht kennt. Im Übrigen sind die in den jeweiligen Ländern üblichen Bewertungsverfahren zu beachten.

8.5 Altlasten

Unter sogenannten Altlasten versteht man im Zusammenhang mit der Bewertung die Kontaminierung von Grundstücken mit Schadstoffen. Sie stammen meist aus einer vorhergehenden, in der Regel gewerblichen Nutzung, bei der für die Umwelt und für den Menschen schädliche Abfallstoffe in den Boden eingedrungen sind, etwa Öl- oder Gießereirückstände oder unterschiedliche Chemikalien (bei Reinigungen und chemischen Produktionsstätten oder auch Kokereien) und dergleichen. Hier kann nur ein Spezialgutachten klären, was zur Sanierung des Grundstücks zu tun ist. Meist muß in erheblichem Umfang Boden abgetragen, das abgetragene Material auf Schadstoffdeponien gelagert und durch gesunde Bodensubstanz ersetzt werden. Bei größeren Schäden dieser Art können die Sanierungskosten sogar den gesamten Wert des Grundstücks aufzehren. Bei der Beleihung von Grundstücken oder ehemaligen Gewerbebetrieben ist deshalb besonders auf solche Altlasten zu achten. Gewisse Anhaltspunkte lassen sich bereits aus der Historie, der Nutzung des Geländes in der Vergangenheit gewinnen. Altlasten sind technische Belastungen und gehören nach der Systematik eigentlich nicht in dieses mit den Rechten in Abt. II des Grundbuch befaßten Kapitel; es sei denn, für die Sanierung werden öffentliche Gelder eingesetzt. Nach den Bestimmungen des neuen Bundesbodenschutzgesetzes werden diese Aufwendungen als öffentliche Sanierungslast in Abt. II des Grundbuchs vorrangig eingetragen. Siehe auch Studienbriefe „Grundlagen der Wertermittlung“ (Nr. 12, S.50ff.) und „Verkehrswert nach WertV und anderen Verfahren“ (Nr. 11, S. 79f.); außerdem Kleiber (Nr. 16, S. 530ff.).

Für Beleihungszwecke kommen Grundstücke, dic unter hohen Altlasten leiden, in der Regel nicht in Frage, zumal schon ihre Bewertung kaum oder nur mit großen Unsicherheiten möglich ist. Im Zuge eines Neubauvorhabens ist eine Beleihung aber denkbar, wenn die Altlasten sorgfältig erhoben und deren Beseitigung in die Wirtschaftlichkeitsberechnung der neuen Bebauung eingesetzt ist. Vor der Beseitigung der Altlasten sollte dann aber keine Teilauszahlung aus dem Hypothekdarlehen erfolgen.

9 Grundsätzliche Gedanken zur Rendite von Vermögensanlagen in Grundbesitz

9.1 Allgemeine Bemerkungen zur Rendite von Kapitalanlagen:

Verständlicherweise strebt der Anleger von Vermögen nach einem höchstmöglichen Ertrag aus seiner Anlage, wobei er zwischen dem **laufenden**, ihm etwa jährlich zufließenden, **Ertrag** und der Aussicht auf **Wertzunahmen** unterscheidet. Die richtige Ermittlung der Renditen der verschiedenen Kapitalanlagemöglichkeiten ist deshalb eine der wichtigsten Voraussetzungen für eine Anlageentscheidung.

Natürlich spielen bei der Auswahl einer Kapitalanlage auch andere Gesichtspunkte eine wichtige Rolle; vor allem: Die **Liquidität** der Anlage (liquide Anlagen rentieren niedriger) und das mit ihr verbundene **Risiko** (je größer das Risiko, um so höher die Renditeerwartung); ein etwa notwendiger **Mindestbetrag** (kleine Beträge rentieren niedriger); ein notwendiger **Arbeitseinsatz des Anlegers** für die Betreuung der Anlage oder ein besonderer **Lustgewinn** (z. B. Pferdezucht) – je höher Lust- und Prestigegewinn, um so niedriger ist meist die Rendite. Auch die unterschiedliche **Anfälligkeit** der verschiedenen Kapitalanlagen **gegen Geldwertänderungen** – wobei es vor allem auf die Erwartungen ankommt – spielt eine wichtige Rolle und anderes mehr. Gegen Inflation empfindliche Anlagen (Geldwerte) brauchen zum Ausgleich der Geldentwertung eine höhere laufende Rendite. Maßgebend ist letztlich also immer die sogenannte **reale Rendite nach Abrechnung der erwarteten Geldentwertungsrate**. Die Empfindlichkeit gegenüber Geldwertänderungen ist auch bei den Sachwertanlagen, wozu vor allem Immobilien zählen, unterschiedlich; Beispiel: Freie oder gesetzlich begrenzte Steigerungsmöglichkeit für Mieten, oder etwa langlaufende Mietverträge ohne oder mit nur begrenzten Gleitklauseln (z. B. Veränderung nur zum halben Index) und dergleichen.

Aus allen diesen Gesichtspunkten entstehen am Markt zu jedem Zeitpunkt für die verschiedenen Kapitalanlagen eigene und zueinander unterschiedliche Zinssätze und laufende Renditeerwartungen, die man auch als branchentypische oder objekttypische laufende Renditen bezeichnet.
Derzeit (Jahr 2000, Inflation knapp unter 2 % p. a.) gelten beispielsweise folgende Sätze:

Geldwerte:

Festgeld je nach Höhe des Betrages und Laufzeit	3,0–4 %
Sparbuch mit gesetzlicher Kündigungsmöglichkeit	1,5–3%
Festverzinsliche Wertpapiere je nach Laufzeit	4,0–6%.

Die realen Renditen liegen etwa 2 % (Inflationsrate) niedriger.

Sachwertanlagen (durchschnittliche Bandbreiten):

Land- und forstwirtschaftlicher Besitz	2–3 %
Eigenheime	3–5 %
Vermietete Eigentumswohnungen	3–5 %
Größeres Mietwohnhaus	4–5 %
Wohn- und Geschäftshäuser in ersten Lagen	4–6,5%

(je größer die Wertsteigerungschancen, um so niedriger die laufende Rendite).

Die Renditen der aufgeführten Sachwertanlagen liegen doch deutlich über den realen Renditen von Anlagen in Geldwerten. Bei Immobilien deckt sich der Begriff der realen laufenden Rendite, von Ausnahmen abgesehen, mit dem der objekttypischen Liegenschaftsverzinsung (s.o. Ziffer 5.6).
Bei **Aktien** läßt sich allgemein sagen, daß die bei guten Aktien in der Regel niedrige laufende Dividendenrendite um so höher ist, je kleiner die Chance auf einen Kursanstieg und umgekehrt. Bei der Vermögensanlage in Aktien sind wir es seit jeher gewohnt, neben dem laufenden Dividendenertrag weitere Erträge aus Kurssteigerungen zu erwarten. Bisweilen werden daraus auch Kursverluste. Auf lange Sicht sollte ein gut sortiertes Aktiendepot aber im Durchschnitt im Wert steigen.

9.2 Zur Rendite von Immobilien:

Auch bei Immobilien ist der laufende Ertrag, **die Liegenschaftsrendite, nur ein Teil des erwarteten Gesamtertrages** (Ziffer 5.6), also letztlich nur eine Teilrendite. In den vergangenen 50 Jahren wurden neben den laufenden Liegenschaftserträgen erhebliche **zusätzliche Erträge aus der Wertsteigerung der Immobilien** erzielt. Sie drücken sich beim bilanzierenden Kaufmann im Laufe der Jahre in einem Zurückbleiben der Buchwerte gegenüber dem Marktwert der Immobilie aus (Bildung von sogenannten stillen Reserven) und können durch einen Verkauf der Immobilie gehoben und vereinnahmt werden. Teilt man die Erträge aus Wertsteigerungen auf die davon betroffenen Jahre auf, bekommt man zusammen mit den laufenden Erträgen den wirklich in der untersuchten Periode aus der untersuchten Immobilie erzielten **Gesamtertrag** und – wegen des Zeitfaktors noch mathematisch ungenau – die volle Rendite der Anlage. Bei der Beurteilung dieses Gesamtertrages ist weiter zu beachten, daß Wertzunahmen für Privatanleger auch bei Realisierung durch Verkauf steuerfrei bleiben, wenn zwischen Anschaffung und Verkauf der Immobilie mehr als zehn Jahre (Spekulationsfrist gemäß § 22 ESTG) vergangen sind.

Bei genauer und inflationsfreier Betrachtung waren gute Immobilien in den vergangenen 50 Jahren somit vor allem für Privatpersonen hervorragende Vermögensanlagen, die als selbstbewohntes Eigenheim oder Eigentumswohnung darüberhinaus noch eine besondere Lebensqualität bieten. Am Ende einer mehr als sechsjährigen empfindlichen Schwäche der Immobilienmärkte werden diese Zusammenhänge im Zeichen des überbetonten Shareholder Value heute häufig übersehen. Die alte Weisheit, „der Fachmann wohnt zur Miete", hat auf längere Sicht noch niemals gestimmt. Im Gegenteil! Der Fachmann wohnt in einem eigenen Eigenheim in aufsteigender Lage und mit einer von vielen potentiellen Interessenten begehrten Größe, Grundrißgestaltung und Ausstattung. Zeiten schwacher Immobilienmärkte waren in der Regel Kaufzeiten, in denen man auch beste Immobilien zu vertretbaren Preisen bekam.

So betrachtet hat sich an der unabhängig vom jeweiligen Risiko **nach der Rendite ausgerichteten Staffelung der verschiedenen Vermögensanlagen** gegenüber der Zeit vor dem ersten Weltkrieg nicht viel geändert. An der Spitze stehen gute gewerbliche Unternehmen in Handel und Industrie. Es folgen erstklassige Aktien, sehr gute und gute Immobilien, Kredit- und Hypothekenforderungen sowie festverzinsliche Wertpapiere. Am unteren Ende stehen ungünstige Immobilien, land- und forstwirtschaftlicher Besitz und schließlich kurzfristige Geldanlagen, deren Renditen, insbesondere unter Berücksichtigung der Steuerpflicht, kaum die Geldentwertung ausgleichen.

In den neunziger Jahren des zu Ende gegangenen Jahrhunderts wurden diese Zusammenhänge allerdings zeitweise überdeckt. Die Immobilien hatten einige Jahre wegen Überangebots keine Wertsteigerung erfahren. Andererseits gab es bei festverzinslichen Wertpapieren wegen des starken Renditerückgangs an den Kapitalmärkten und bei Aktien wegen des Vordringens des Shareholder Value Gedankens außergewöhnliche Kursgewinne. Inzwischen steigen die Zinsen längst wieder und der Höchstkurs der meisten Aktien liegt zunächst einmal hinter uns. In den **kommenden Jahren könnten wir wieder freundlichere Immobiliepreise sehen**, vor allem in den mitteleuropäischen Ballungsräumen. Eine erneute hochspekulative Hausse an den Immobilienmärkten erwartet derzeit niemand. Sie wäre auch nicht wünschenswert.

Diese, über den eigentlichen Auftrag des Studienbriefes etwas hinausgehenden Betrachtungen sollten einen Einblick in die Stellung der Immobilie innerhalb der verschiedenen Möglichkeiten zur Anlage von Vermögen und zur Erzielung von Vermögenserträgen geben, aus denen letztlich auch die Annuitäten für die ausgereichten Immobiliendarlehen bezahlt werden müssen.

10 Exkurs: Kapitaldienstfähigkeit, Kapitaldienstgrenze, Cash-Flow

10.1 Der Beleihungswert nur Antwort auf Frage der Sicherheit

Der Beleihungswert einer Immobilie beantwortet nur eine der beiden Grundfragen, die vor der Ausreichung eines Hypothekendarlehens an jedes Objekt gestellt werden müssen, nämlich die Frage, ob die Beleihung durch das verpfändete Objekt im erwarteten Umfang (Beleihungsgrenzen, s.o. Ziffer 1.6 und 1.7) abgesichert ist und die ausreichende Bank im Insolvenzfall des Darlehensnehmers den Rückfluß ihres ausstehenden Darlehensbetrages aus der Verwertung des Pfandobjekts (Realkredit im engeren Sinne – Ziffer 1.61) erwarten kann.

10.2 Daneben Zahlungskraft für die Annuitäten bedeutsam

Wichtig ist daneben die zweite Frage, ob die regelmäßigen Annuitäten (Zins und Tilgung) aus den Erträgen des beliehenen Objekts auf die Dauer reibungslos bezahlt werden können. Ist das nämlich der Fall, kann die Bank in der Regel eine „störungsfreie" Bedienung des Darlehens erwarten. Eine teurere, arbeitsaufwendige und immer mit Risiken verbundene Verwertung des Beleihungsobjekts wird um so unwahrscheinlicher, je sicherer und je weniger von der persönlichen Bonität des Eigentümers abhängig die Objekterträge fließen. Überschaubare und leicht zu verwaltende Mietwohnhäuser mit für eine breite Bevölkerungsschicht tragbaren Mieten sind deshalb, wie schon in Ziffer 5.64 erwähnt, für ein Hypothekarinstitut die besten und sichersten Beleihungsobjekte. So betrachtet, kann der **Hypothekarkredit als ein Vorschuß auf zukünftige Immobilienerträge** angesehen werden (vermietete Objekte aller Art oder eigengenutzte gewerbliche Objekte) oder auf zukünftige Einkommen (selbstgenutzte Eigenheime und Eigentumswohnungen).

10.3 Kapitaldienstfähigkeit

Der Begriff Kapitaldienstfähigkeit ist das Ergebnis der Prüfung, ob der Kapitaldienst für die vorgesehene Beleihung aus dem Objekt, beziehungsweise vom Darlehensnehmer voraussichtlich reibungslos bezahlt werden kann.

10.4 Kapitaldienstgrenze bei Mietobjekten und Eigenheimen

Als Kapitaldienstgrenze bezeichnet man umgekehrt den Betrag, der aus dem laufenden Ertrag des Beleihungsobjekt auf Dauer für die Verzinsung und Tilgung eines langfristigen Hypothekendarlehens bereitgestellt werden kann.

Bei vermieteten Objekten errechnet sich die Kapitaldienstgrenze für eine langfristige Beleihung letztlich aus dem **Cash Flow** (Reinertrag zuzüglich laufende Abschreibung), von dem ein je nach dem mit dem Objekt verbundenen Risiko mehr oder weniger großer Spitzenbetrag zum Ausgleich von unerwarteten Ausgaben zur freien Verfügung des Eigentümers verbleiben sollte.

Bei **selbstgenutzten Eigenheimen und Eigentumswohnungen** muß die Kapitaldienstgrenze aus dem Einkommen der Eigentümer aufgebracht werden, denen nach Bezahlung der Annuitäten noch ein ausreichender Betrag für die private Lebenshaltung – einschließlich einer Spitze für allgemeine Risiken – bleiben muß. Für die Kapitaldienstgrenze kommt es bei der Beleihung von eigengenutzten Eigenheimen und Eigentumswohnungen auch beim Realkredit im engeren Sinne (s.o. Ziffer 1.61) auf die Leistungsfähigkeit des persönlichen Schuldners an.

10.5 Kapitaldienstgrenze bei gewerblich genutzten Objekten

Ähnlich muß man bei der Beleihung von gewerblich genutzten Objekten (Wohn- und Geschäftshäusern, Bürogebäuden etc.) vorgehen. Sind sie langfristig gut vermietet, fließt aus dem Beleihungsobjekt ein weitgehend vom Eigentümer unabhängiger Ertrag zur Abdeckung der Annuitäten. Werden solche gewerblichen Objekte aber ganz oder teilweise selbst genutzt, kommt es für die Bezahlung der Annuitäten wieder auf die fachliche und wirtschaftliche Qualifizierung des Grundstückseigentümers und Darlehensnehmers an.

10.6 Kapitaldienstgrenze bei Managementimmobilien

Dann gibt es noch die sogenannten Managementimmobilien, deren Erträge von einer erfolgreichen Bewirtschaftung abhängen. Näheres siehe Ziffer 7.9. Auch wenn solche Objekte vermietet sind und deshalb aus dem Beleihungsobjekt formal eine Miete fließt, die von der Bank gepfändet oder durch Zwangsverwaltung eingezogen werden kann, hängt die Ertragskraft dieser Immobilien letztlich vom erfolgreichen Management durch den Betreiber (Eigentümer, Pächter, Mieter) ab. Damit wird es notwendig, für die Prüfung der Kapitaldienstgrenze deren fachliche Fähigkeiten und wirtschaftliche Verhältnisse sowie die Aussichten der jeweiligen Branche zu beurteilen.

10.7 Unternehmenskredit

Schließlich kennt man noch den Begriff des Unternehmenskredits. Hier ist der Darlehensnehmer keine natürliche Person oder Personengesellschaft oder eine stark von der Person des Inhabers abhängige GmbH, sondern ein in der Regel größeres Unternehmen, häufig eine AG oder eine entsprechend geführte große GmbH, dessen Bestand unabhängig von der jeweiligen Geschäftsleitung als dauerhaft angesehen werden kann. Im sozialen Bereich findet man solche Unternehmen mitunter sogar in der Rechtsform eines Vereins. Erfüllt der Kredit an ein derartiges Unternehmen die Anforderungen der §§ 11 und 12 HBG, ist er zweifellos Realkredit im engeren Sinne und kann zur Deckung von Pfandbriefen herangezogen werden. Die Kapitaldienstfähigkeit kann aber nur an Hand einer vollständigen bankmäßigen Untersuchung des Unternehmens (Bilanz, GuV-Rechnung, Branche, Produkte, Produktion, Absatzorganisation, Fähigkeit des Managements etc.) geprüft werden.

10.8 Nur knappe Literatur über Kapitaldienstfähigkeit

Um so erstaunlicher ist es, daß es im Hypothekarkredit zwar eine umfangreiche Literatur über die Bewertung der Beleihungsobjekte gibt (s.o. Ziff. 1.3). Über die Prüfung von Kapitaldienstfähigkeit und Kapitaldienstgrenze und über die Bedeutung dieser beiden Begriffe für einen reibungslosen Verlauf einer Beleihung findet man aber nur die Ausführungen des Verfassers dieses Textes im Handbuch. (Nr. 19, S. 225 ff.). Selbst Kerl ist in seinen vielen Veröffentlichungen zum Realkredit auf die notwendige Untersuchung, ob die reibungslose Bezahlung des Kapitaldienstes für die vorgesehene Beleihung erwartet werden kann, immer nur mit wenigen Sätzen eingegangen. Eine sorgfältige Prüfung der Frage, ob die störungsfreie Zahlung des laufenden Kapitaldienstes auf eine Beleihung erwartet werden kann (Kapitaldienstfähigkeit), ist der beste Schutz vor einem Überhandnehmen der Zwangsverwertungen und vor Verlusten.

11 Zur Bewertung von ausländischen Immobilien

11.1 Bedeutung von § 12 HBG uneingeschränkt

Es gibt keinen Zweifel, daß für deutsche Hypothekarinstitute, vor allem für Hypothekenbanken, Landesbanken und Versicherungen, **die §§ 11 und 12 HBG auch für die Beleihung von Grundstücken im Ausland gelten**. Inwieweit solche Beleihungen zulässig sind, ist in § 5 Abs. 1 Ziffer 2–2b HBG geregelt. Der Kreis der zugelassenen Länder ist in den letzten fünfzehn Jahren mehrmals erweitert worden. Solche Beleihungen sind von deutschen Hypothekarinstituten grundsätzlich nach den gleichen Maßstäben wie inländische Beleihungen zu beurteilen. Der deutsche Begriff des Realkredits im engeren Sinne (60 % des Beleihungswerts, s.o. Ziffer 1.61) gilt auch für diese Beleihungen. Der Beleihungswert ist nach den gleichen Grundsätzen des § 12 HBG, als vorsichtiger, zukunftsorientierter Wert zu ermitteln. Die für deutsche Hypothekarinstitute verfügbaren örtlichen Sachverständigen im jeweiligen ausländischen Staat ermitteln jedoch meistens Marktwerte.

Andererseits ist es zur Vermeidung von Fehlurteilen unbedingt notwendig, Gutachter mit ausreichender örtlicher Markt- und Sachkenntnis heranzuziehen. In einigen Beleihungsschwerpunkten werden sich unsere eigenen europaweit tätigen Gutachter sicher in wenigen Jahren die erforderlichen örtlichen Kenntnisse aneignen können, für den gesamten europäischen Raum wird das auch einem großen Hypothekarinstitut nicht gelingen. In diesen Fällen wird es weiterhin notwendig sein, sich zunächst um ein Gutachten eines örtlich vertrauten, zuverlässigen Sachverständigen zu bemühen. Es wird in der Regel ein Marktwertgutachten sein und muß deshalb anschließend von den Gutachtern der Bank auf unsere Grundsätze umgerechnet werden. Im Laufe der nächsten zehn Jahre dürfte sich im Zuge der Arbeit an einem Europäischen Beleihungswert (s.o. Ziff. 2.26) nach und nach die erforderliche Vereinheitlichung der Wertermittlungen für den Realkredit/Hypothekarkredit ergeben, sodaß die Umrechnungen ausländischer Gutachten weniger werden.

11.2 Neues Arbeitspapier des Verbandes

Inzwischen gibt es ein vom Verband deutscher Hypothekenbanken ausgearbeitetes und mit dem BAKred abgestimmtes Arbeitspapier zur Ermittlung des Beleihungswerts auf der Grundlage ausländischer Bewertungen. Es ist in Teil II dieses Studienbriefes abgedruckt und enthält drei Bewertungsbeispiele.

Nachdem der europäische Beleihungswert definiert wurde (siehe Ziffer 2.26), konnte ein Papier erstellt werden, welches festlegt, wie Beleihungswerte im Sinne des § 12 HBG auch mit von unseren Bewertungsverfahren abweichenden, landesspezifischen Bewertungsverfahren ermittelt werden können. Bei Einhaltung dieser Grundsätze liefert der ausländische Gutachter keinen Marktwert, sondern unmittelbar den Beleihungswert. Eine Umrechnung ausländischer Gutachten wird dann entbehrlich.

12 Exkurs: Die Kreditentscheidung

Die Entscheidungen über den einzelnen Hypothekarkredit werden nicht von den gutachterlich tätigen Sachverständigen, sondern selbstverständlich von den jeweiligen, meist nach der Höhe des Darlehensbetrages abgestuften Kompetenzträgern der Institute gefällt. Bewertung und Kreditentscheidung sind immer zu trennen. Da jedoch auch die Sachverständigen die Grundsätze kennen sollten, nach denen im Anschluß an ihre Bewertung die Kreditentscheidungen getroffen wird, werden diese Grundsätze im folgenden kurz an unseren zentralen Beispielen Nr. 1 und Nr. 2 – dasselbe Objekt – dargestellt. (Siehe Teil III).

Als Ergebnis der bisherigen Ausführungen müßten jetzt für unsere Beispielsimmobilie vorliegen:

Beleihungswert	€ 1.938.000,00
Kapitaldienstgrenze	€ 105.324,00
Bonität des persönlichen Schuldners	gut

Nun kann die Entscheidung über die beantragte Beleihung getroffen werden:

Realkredit im engeren Sinne: 60 % v. EU 1.938.000,00 = **€ 1.160.000,00**
Konditionen beispielsweise Zins 6,5 %; Tilgungszuschlag 1 %.
Die Annuität von EU 87.000,00 läßt sich aus der Kapitaldienstgrenze bezahlen.
Es verbleiben für ein Außerdeckungsdarlehen jährlich EU 18.324,00

Bei einem Zinssatz von 7% und 2 % Tilgungszuschlag
(der nachrangige Teil sollte verstärkt getilgt werden).
Bleibt **Raum für eine weitere Beleihung** von rund **€ 200.000,00**
Tragbare Gesamtbeleihung somit **€ 1.360.000,00**
das sind 70,2 % des Beleihungswerts. Die Höhe der Gesamtbeleihung hängt von der Kapitaldienstgrenze ab.

Die anderen Bereiche der Kreditentscheidung bleiben hier außer Betracht.

13 Wertermittlungsanweisung

Nach § 13 HBG hat jede Hypothekenbank auf Grund der Vorschriften des § 12 HBG eine Anweisung über die Wertermittlung zu erlassen; diese Anweisung bedarf der Genehmigung durch die Aufsichtsbehörde, in Deutschland ist dies das Bundesaufsichtsamt für das Kreditwesen (BAKred). Auch die nicht unmittelbar dem HBG unterliegenden Institutsgruppen, Landesbanken, Versicherungen und Sparkassen, kennen festgeschriebene Regelungen für die anzufertigenden Bewertungen der zu beleihenden Immobilien. Noch unterscheiden sich diese Wertermittlungsanweisungen bei den einzelnen Institutsgruppen und Instituten, vor allem bei den einzelnen Hypothekenbanken zum Teil erheblich. In der Sache haben sich die Bewertungsverfahren in den letzten 20 Jahren, nicht zuletzt durch den Bezug in wichtigen Bestimmungen des KWG (siehe Ziff. 1.42) auf die §§ 11 und 12 HBG und durch weitgehende Übereinstimmung der entscheidenden fachkundlichen Veröffentlichungen aber stark angenähert.

Es empfiehlt sich, in solchen Wertermittlungsanweisungen in der Hauptsache die Grundsätze zu regeln, weniger aber die Einzelheiten vorzuschreiben. Die erforderliche Anpassung der Bewertungen an dauerhafte Veränderungen der Immobilienmärkte und unterschiedliche Objektarten sollte erhalten bleiben und ohne eine immer mit Mühen verbundene Änderung der Wertermittlungsanweisung möglich sein. Ein Muster für eine solche Wertermittlungsanweisung findet sich bei Kerl (Nr. 14).

14 Sachverständige für die Ermittlung der Beleihungswerte

14.1 Das Sachverständigenwesen in Deutschland

ist in einem eigenen Studienbrief ausführlich dargestellt. Über die Organisation des Sachverständigenwesens in unseren europäischen Nachbarländern findet sich außerdem einiges im Studienbrief „Europäische Immobilienmärkte und Bewertungsverfahren" (Nr. 9) und in den Publikationen des Europäischen Hypothekenverbandes (u.a. Nr. 4). Hierauf wird ausdrücklich verwiesen. Weitere Ausführungen finden sich bei Kleiber (Nr. 16 ab Seite 111).

14.2 Die Auswahl der Sachverständigen

ist zunächst Angelegenheit der einzelnen Institute. Das Wesentliche dazu steht im Kommentar zum HBG von Bellinger/Kerl (Nr. 3, zu § 13 Randnr. 12 – 24).

Wichtig ist vor allem, daß die für Hypothekarinstitute tätigen Sachverständigen eine geeignete Qualifikation nachweisen. Des Weiteren müssen sie die notwendige Sachkenntnis und Erfahrung in der Bewertung von Immobilien besitzen und über die reine Bewertungstechnik hinaus die Prinzipien der Ermittlung von Beleihungswerten als „bankwirtschaftliches" Verfahren zur Risikobeurteilung eines Hypothekarkredits beherrschen. Schließlich sollten sie bereit sein, sich die notwendigen Grundkenntnisse über die Arbeitsweise eines Hypothekarinstituts anzueignen. Für die Beurteilung vieler gewerblicher Objekte ist es ferner notwendig, Bilanzen und GuV-Rechnungen in den Grundzügen beurteilen zu können. Im Übrigen muß bei der hohen mit der Erstellung von Beleihungsgutachten verbundenen Verantwortung auf die persönliche Integrität des Gutachters besonderes Gewicht gelegt werden. Die Sachverständigen dürfen nicht mit der Kreditbearbeitung oder der endgültigen Kreditentscheidung befaßt werden. Deshalb wird auch zwischen dem von Sachverständigen ermittelten und dem vom Kompetenzträger der Bank festgesetzten Beleihungswert unterschieden (siehe Grundsatzpapier in Teil II).

14.3 Fest angestellte oder Freie Sachverständige

Die häufig auftretende Frage, ob mit fest angestellten oder freien Gutachtern gearbeitet werden soll, hat heute nicht mehr die einstige Brisanz. Mit beiden lassen sich grundsätzlich die anfallenden Bewertungsarbeiten zuverlässig erledigen. Es kommt mehr auf die richtige Auswahl und Führung der Gutachter an. Nach einigen leider schlechten Erfahrungen in der Vergangenheit lassen heute die meisten Institute ihre Bewertungsaufgaben überwiegend von fest angestellten eigenen oder zumindest mit ihnen in einem langjährigen Vertrauensverhältnis verbundenen freien Gutachtern erledigen. Institutsfremde Gutachten müssen stets kritisch geprüft werden, auch wenn sie von öffentlich bestellten und vereidigten Sachverständigen stammen.

Die Hyp Zert GmbH leistet einen Beitrag für die richtige Auswahl der für die deutschen Hypothekarinstitute geeigneten Gutachter durch die angebotene Ausbildung bei der Bank- und bei der Sparkassenakademie und die regelmäßig durchgeführte Zertifizierung von speziell für die Ermittlung von Beleihungswerten geeigneten Sachverständigen.

15 Kleindarlehensgrenze

▷ Innerhalb der sogenannten Kleindarlehensgrenze (vgl. Rundschreiben des BAKred vom 6. April 1999) kann der Beleihungswert nach § 12 HBG anstatt durch besonders dafür bestellte und beauftragte Sachverständige auch durch **entsprechend sachkundige Mitarbeiter** ordnungsgemäß ermittelt und in nachprüfbarer Weise dokumentiert werden. Selbstverständlich gelten die anerkannten Regeln der Beleihungswertermittlung auch für diese Fälle. In der Praxis werden solche Bewertungen formularmäßig nach verkürzten Rechenverfahren durchgeführt.

▷ Bezugsgröße für die zuletzt mit DM 600.000,00 (= Euro rd. 307.000,00) festgelegte Kleindarlehensgrenze ist der Darlehensbetrag, allerdings unter Einbeziehung etwaiger schon auf dem Beleihungsobjekt vorrangig lastenden Rechten. Die Höhe dieser Kleindarlehensgrenze wurde in den letzten Jahrzehnten mehrmals angehoben.

▷ Dieses vereinfachte Bewertungsverfahren ist derzeit nur bei im Inland gelegenen wohnwirtschaftlich genutzten und – ausnahmsweise – gemischt-genutzten Objekten mit geringem gewerblich genutzten Anteil (nicht mehr als ein Drittel des gesamten Jahresnetto-Kaltmiete) vertretbar.

▷ Auch in diesen Bewertungen sind die anerkannten Grundsätze wie das Zwei-Säulen-Prinzip, die Besichtigung des Beleihungsobjekts (von Ausnahmen abgesehen), die Funktionstrennung zwischen Bewertung und Kreditbearbeitung und dergleichen einzuhalten. Außerdem müssen diese verkürzten Bewertungen in einer hinreichend großen Zahl an Stichproben regelmäßig durch die Gutachterabteilung der Bank nachgeprüft werden.

Teil II

Grundsatzpapier zum Beleihungswert von Immobilien

I. Die Philosophie des Beleihungswertes im Sinne von § 12 HBG

Die Art und Weise der Ermittlung von Immobilienwerten hängt davon ab, für welchen Zweck Wertangaben benötigt werden. Bei einem Immobiliengeschäft interessieren sich beispielsweise Käufer und Verkäufer für den angemessenen Marktwert, also den **„Verkehrswert“**, der dem aktuellen Marktverhältnis zwischen Angebot und Nachfrage im Geschäftsverkehr zu der konkret betroffenen Objektart gerecht wird.

Wendet sich dieser Käufer an ein Kreditinstitut, um einen Kredit zur Finanzierung des schließlich vereinbarten Kaufpreises zu erhalten, muß das Kreditinstitut den Wert dieser Immobilie unter einem anderen Blickwinkel betrachten. So ist je nach Tilgungsvereinbarung für das Kreditinstitut absehbar, daß es das Darlehen im Regelfall erst nach 15, 20 oder mehr Jahren vollständig zurückgezahlt erhält. Für diesen Zeitraum muß sich das Kreditinstitut den Rückzahlungsanspruch aus dem „Wert“ der Immobilie optimal sichern. Es kommt also darauf an, für einen möglichst langen Zeitraum die Werthaltigkeit des zur Sicherung vereinbarten Grundpfandrechts abzuschätzen. Dem dient die Ermittlung des **Beleihungswerts**. Andere Wertbegriffe wie Marktwert, Verkehrswert erfüllen diese Anforderungen nicht. Angesichts der eindeutigen Zweckbestimmung, diesen Wert als sichere Wert-Obergrenze für die langfristige Beleihung zu ermitteln, ist dieser Beleihungswert ein **eigenständiger Wert**. Bei seiner Ermittlung dominieren die Sicherheitsbedürfnisse der Kreditgeber. Dies erfordert im einzelnen

- eine möglichst lange, in die Zukunft gerichtete Beständigkeit des ermittelten Wertes,
- die Verwendung von aus dem Marktgeschehen der Vergangenheit und Gegenwart abgeleiteten beständigen Wertkomponenten als objektive Maßstäbe, die über den Prognosezeitraum als dauerhaft eingeschätzt werden,
- die Erfüllung der Anforderungen an die Ermittlung des Beleihungswertes

durch jede einzelne bei der Wertermittlung benutzte Bezugsgröße und Wertkomponente,

- die Ausschaltung aller ungesicherten Zukunftskomponenten für Wert- und Ertragssteigerungen,
- die alleinige Berücksichtigung der zum Bewertungszeitpunkt nachweislich gesicherten Eigenschaften und Erträge, die bei ordnungsgemäßer Bewirtschaftung jedem Besitzer der bewerteten Immobilie dauerhaft zustehen,
- die Nachvollziehbarkeit der Beleihungswertermittlung hinsichtlich aller ausgeführten Berechnungen, verwendeten Ansätze und wertbeeinflussenden Faktoren,
- die sorgfältige Einschätzung der dauerhaften Marktgängigkeit der jeweiligen Immobilie (Vermietbarkeit und Verkäuflichkeit),
- die kritische Prüfung der vielseitigen Verwendbarkeit oder ausreichende Nutzbarkeit durch Dritte sowie
- die Darlegung wesentlicher objektbezogener Beleihungsrisiken als Grundlage für die Kreditentscheidung.

Diesen Komponenten des Beleihungswerts als einem eigenständigen, vom Vorsichtsprinzip geprägten Schätzwert kommt jedoch nicht nur bei der Wertermittlung als Grundlage für Kreditentscheidungen Bedeutung zu. Vielmehr bildet dieser „Beleihungswert" auch in anderen Bereichen den Anknüpfungspunkt, in denen nicht der aktuelle Wert der Immobilie im Falle einer im Bewertungszeitpunkt erfolgenden Veräußerung, sondern die vorsichtige Ermittlung eines dauerhaft erzielbaren Wertes von Interesse ist. Dies gilt beispielsweise für die bankaufsichtsrechtlichen Regelungen zur notwendigen Eigenkapitalunterlegung von Realkrediten, die unter Bezugnahme auf §§ 11 und 12 HBG eine Abgrenzung gemessen am 60%igen Beleihungswert vornehmen, sowie bei der Bemessung nicht realisierter Reserven aus Grundstückswerten, die als haftendes Eigenkapital eines Kreditinstituts bankaufsichtlich anerkannt werden.

Den genannten Komponenten des mithin über den Bereich des Kreditgeschäfts hinaus relevanten Beleihungswertes kann bei der **Wertermittlung** zwar **mit Hilfe verschiedener und gleichberechtigter Berechnungsverfahren** Rechnung getragen werden. Es kann **jedoch nur eine Definition** eines eigenständigen Beleihungswertes geben, die diesen Berechnungen zugrundezulegen ist:

II. Definition des Beleihungswertes

Für die Ermittlung des Beleihungswerts ist ausgehend von den unter I. dargelegten Rahmenbedingungen die nachfolgende Definition zugrundezulegen:

Der Beleihungswert eines Grundstücks ist der Wert, von dem aufgrund der aus dem langfristigen Marktgeschehen abgeleiteten Erkenntnisse zum Bewertungszeitpunkt auf der Basis der dauerhaften, zukunftssicheren Merkmale mit hoher Sicherheit erwartet werden kann, daß er über einen langen, in die Zukunft gerichteten Zeitraum im normalen Geschäftsverkehr realisiert wird.

Diesem Begriffsverständnis vom Beleihungswert liegen folgende Bedeutungsdefinitionen zugrunde:

„Aus dem langfristigen Marktgeschehen abgeleitete Erkenntnisse“:	Sichere, durch Erfahrung gestützte Wertmaßstäbe, die maßgeblich aus der Interpretation und Analyse von langfristigen Entwicklungen des Marktes in der Vergangenheit und in der Gegenwart gewonnen wurden, und die unter kritischer Einschätzung der gegenwärtigen Situationen und des zukünftigen Entwicklungsrisikos vorsichtig fortgeschrieben werden.
„dauerhafte, zukunftssichere Merkmale“:	wertbestimmende Umstände und Erträge, die zum Wertermittlungszeitpunkt nachhaltig sicher sind und die voraussichtlich auch in Zukunft Bestand haben werden.
„ein langer, in die Zukunft gerichteter Zeitraum“:	möglichst langfristige Gültigkeitsdauer, mehrere Jahre.
„normaler Geschäftsverkehr“:	freihändiger Verkauf bei angemessener Verwertungszeit, unter der Voraussetzung, daß kein extrem negativer oder positiver Markt vorhanden ist; Verkauf unter Druck oder mittels Zwangsmaßnahmen sind hiermit nicht gemeint.

III. Künftige Bedeutung der Beleihungswertermittlung

Die Methodik und Begrifflichkeit der Beleihungswertermittlung nach § 12 HBG erlangt zunehmend Bedeutung. Hierbei greifen verschiedene Entwicklungen ineinander:

- So ist zunächst festzustellen, daß sich in Deutschland eine Rechtsentwicklung ergeben hat, bei der neben dem Begriff „Beleihungswert" eine Vielzahl anderer Bezeichnungen getreten ist. Zwar stellen HBG und KWG grundsätzlich auf den „Beleihungswert" ab. Mit der Umsetzung der Großkredit-Richtlinie wurde jedoch in das KWG der weitere Begriff des „Grundstückswerts" eingeführt. In gewisser Weise verwirrend ist es, daß § 7 Abs. 7 Bausparkassengesetz nahezu wortgleich mit § 12 HBG ist, jedoch den Beleihungswert im Wege einer Legaldefinition als den „bei der Beleihung angenommenen Wert des Pfandobjektes" bezeichnet und als Beleihungsgrenze ausdrücklich den „Verkehrswert" regelt. § 12 HBG verwendet dagegen den weiteren Begriff „Verkaufswert". Das Versicherungsaufsichtsgesetz verwendete bis vor kurzem, je nach dem Zweck der jeweiligen Bestimmung, den Begriff „Beleihungswert" im Sinne des Hypothekenbankgesetzes und den Begriff „Verkehrswert". Bedingt durch EU-rechtliche Vorgaben zur Bilanzierung von Grundvermögen sind in die versicherungsrechtlichen Bestimmungen nunmehr jedoch die Begriffe „Zeitwert" und „Marktwert" eingeflossen.
  Schon ausgehend von diesem sich fortschreitend zersplitternden deutschen Recht erscheint es unverzichtbar, auf eine künftige klare Differenzierung ausschließlich zwischen „Beleihungswert" einerseits und „Verkehrswert" andererseits zu drängen.
- Hinzu kommen aktuelle Initiativen auf EU-Ebene: Zusätzlich zu den mit der Versicherungsrichtlinie geschaffenen Maßstäben zur Ermittlung des „Marktwertes" als Parameter des bei der bilanziellen Einschätzung des Zeitwertes von Immobilien sollen eigenständig für den bankaufsichtsrechtlich relevanten Bereich des Kreditgeschäfts Grundsätze für die vom Vorsichtsprinzip bestimmte Wertermittlung von Immobilien festgeschrieben werden. Insoweit wird es darauf ankommen, ausgehend von der Philosophie des Beleihungswerts in Brüssel nach Wegen der Einigung zu suchen, die diversen nationalen Wertermittlungsmethoden unter eine abstrakte Definition zu subsumieren. Die Chartered Surveyors sind über europäische Sachverständigenverbände bemüht, unter Umständen im Kontext der aktuell anstehenden Änderung der Solvabilitätsrichtlinie zur künftigen Gewichtung von MBS und gewerblichen Realkrediten einheitliche Bewertungsmaßstäbe in die Diskussion auf EU-Ebene einzubringen.
- Ebenfalls bedingt durch den europäischen Harmonisierungsprozess befindet sich gegenwärtig das Sachverständigenwesen in Europa in einem Umbruch.

Für Deutschland tritt neben die Vereidigung von Sachverständigen eine breitere Zulassung von Prüfungsinstitutionen, die die Berechtigung erhalten, Sachverständigen-Zertifikate zu erteilen. Um hier den Standard einer Begutachtung von Immobilien auf dem für langfristige Beleihungen notwendigen hohen Niveau zu erhalten, bedarf es auch in diesem Zusammenhang einer Fundamentierung der Leitlinien zur Beleihungswertermittlung.

Von diesen Entwicklungen ausgehend wird der „Beleihungswert" als Zielgröße der Immobilienbewertung nach § 12 HBG künftig in folgenden konkreten Definitions- und Handlungszusammenhang einzustellen sein:

a. Der Begriff „Verkaufswert" in § 12 HBG wird durch den Begriff Beleihungswert ersetzt, da beide Begriffe inhaltlich identisch sind.

b. Der ermittelte Beleihungswert, seine Parameter und die anzuwendende Methodik werden nachvollziehbar definiert.

c. Dies bewirkt keine Änderung der bisherigen bankinternen Aufgaben- und Kompetenzverteilungen.

IV. Präzisierung des Unterschieds zwischen Beleihungswert und Verkehrswert

1 Beleihungswert

Der Beleihungswert ist ein eigenständiger Wert mit einer eindeutigen Zweckbestimmung:

a. Der „ermittelte Beleihungswert" (= Verkaufswert im Sinne des § 12 HBG) ist der zum Zwecke der Beleihung ermittelte Wert.
Die ERMITTLUNG durch den Sachverständigen dient der Schätzung der auf Dauer sicheren Wertobergrenze.

b. Der „festgesetzte Beleihungswert" (= Beleihungswert im Sinne des § 12 HBG) ist der bei der Beleihung angenommene Wert.
Seine FESTSETZUNG erfolgt im Rahmen der einzelnen Kreditvergabe durch die Kompetenzträger (der Vorstand) des jeweiligen Kreditinstituts.

Die Kriterien für die Ermittlung und Festsetzung des Beleihungswerts regelt § 12 HBG. So ist der Beleihungswert danach ein **auf einen langen Zeitraum ausgerichteter Wert, den das Beleihungsobjekt** im Zeitpunkt der Bewertung **nachhaltig hat**. Richtungsweisende Termini sind „nachhaltig erzielbare Erträge an jeden Besitzer" und „dauernde Objekteigenschaften". Die Ermittlung des Beleihungswerts ist also nicht auf die Feststellung des momentanen Preises ausgerichtet; wesentlich ist vielmehr, daß der angenommene Wert im veranschlagten, langen Zeitraum zuverlässig und dauerhaft ist. Deshalb dürfen nur Wertfaktoren berücksichtigt werden, die aufgrund der vergangenen und gegenwärtigen Markterfahrungen mit hoher Wahrscheinlichkeit wertbeständig sind.

Die Beleihungswertermittlung erfolgt nach inhaltlichen und methodischen Prinzipien, welche in allgemeinen Wertermittlungsanweisungen und ergänzenden internen Beleihungsrichtlinien festgeschrieben sind. Wesentliches Element der Beleihungswertermittlung ist das Prinzip, für alle relevanten Wertkomponenten die jeweils aktuellen örtlichen Preise, Erträge und Kosten auf ihre bestimmenden Faktoren hin zu untersuchen, die Wertansätze um die dabei kritisch beurteilten Umstände zu bereinigen, also Minderungen in die Berechnungen einzubeziehen, die nach den in der Vergangenheit gewonnenen Erfahrungen künftig zu erwarten sind. Es geht also um im einzelnen plausible Wertannahmen für die Zukunft, wobei durch deren Dokumentation eine ausreichende Möglichkeit zur Prüfung der Einzelkomponenten geschaffen werden muß.

Bezogen auf das Inlandsgeschäft bildet das sog. „Zwei-Säulen-Prinzip" ein derartiges Kontrollinstrument. Danach werden Sachwert und Ertragswert des Objekts unabhängig voneinander ermittelt. Auffällige Abweichungen der beiden Werte voneinander sind beim Beleihungswertansatz zu würdigen. Der Ertragswert bildet regelmäßig – abgesehen u.a. vom Eigenheimbereich – die obere

Grenze für den Beleihungswert. Bei der Berechnung des Ertragswertes bestehen – im Gegensatz zur Verkehrswertermittlung – für den Ansatz der Bewirtschaftungskosten bzw. des Kapitalisierungszinses Bandbreiten, dessen untere Werte im Regelfall als Mindestsätze aufgefasst werden. Sie sind aus Erfahrungen der Vergangenheit abgeleitet und dienen dem Sicherheitsbedürfnis, indem sie Wertverluste aus künftigen Marktschwankungen weitgehend ausschließen sollen.

Im Normalfall bildet der Marktwert (Verkehrswert) die Höchstgrenze für den Beleihungswert. Im Tiefpunkt einer Rezession kann jedoch hingenommen werden, daß Beleihungswerte oberhalb eines aktuell am Markt erzielbaren niedrigeren Marktwertes liegen. Ein nach konservativen Wertmaßstäben ermittelter Beleihungswert bedarf – außer es ergeben sich konkrete Hinweise der Beeinträchtigung der Kreditsicherheit – keiner Nachbewertung.

2 Verkehrswert

Der Verkehrswert ist ein **Stichtagswert**. Seine Definition im BauGB wird durch detaillierte Wertermittlungsvorschriften (WertV und WertR) ergänzt.

§ 194 BauGB lautet: „Der Verkehrswert wird durch den Preis bestimmt, der zu dem Zeitpunkt, auf den sich die Ermittlung bezieht, im gewöhnlichen Geschäftsverkehr nach den rechtlichen Gegebenheiten und tatsächlichen Eigenschaften, der sonstigen Beschaffenheit und der Lage des Grundstücks oder des sonstigen Gegenstandes der Wertermittlung ohne Rücksicht auf ungewöhnliche oder persönliche Verhältnisse zu erzielen wäre."

Diese Regelung beruht auf dem unmittelbaren gesetzgeberischen Interesse an der Feststellung des Verkehrswertes als dem „richtigen" aktuellen Wert. So bildet der Verkehrswert nämlich den Anknüpfungspunkt für Enteignungen, gerichtliche Zwecke und bei sonstigen Vermögensauseinandersetzungen etc. Resultierend aus dieser Zweckbestimmung besitzt der Verkehrswert nur eine kurzzeitige Gültigkeit.

Ausgehend von dieser vielseitigen Zweckbestimmung versteht man begrifflich unter dem Verkehrswert den Wert, der am Tag der Bewertung im allgemeinen Geschäftsverkehr am wahrscheinlichsten zu erzielen wäre. Derartige Werte unterliegen erfahrungsgemäß erheblichen Bandbreiten, je nach den am Bewertungsstichtag vorherrschenden Tendenzen des Immobilienmarkts und den jeweiligen auf die Zukunft ausgerichteten Renditeerwartungen. In Zeiten, in denen ein „Verkäufermarkt" vorliegt (geringes Immobilienangebot, große Nachfrage), sind die Kaufpreise vergleichbarer Objekte regelmäßig höher als in Zeiten eines „Käufermarktes" (großes Immobilienangebot, geringe Nachfrage). Die Preisbildung fließt in die Verkehrswertermittlung ein, was erhebliche Schwankungsbreiten bedingt.

V. Methodik der Beleihungswertermittlung

1 Wertermittlung bei Beleihungen von Immobilien im Inland

Die wesentlichen Parameter für den Beleihungswert sind in der folgenden Auflistung zusammengestellt:

1. Die Wertermittlung erfolgt stets auf der Basis von Sachwert und Ertragswert („Zwei-Säulen-Prinzip"). Vergleichswerte können in geeigneten Fällen herangezogen werden, so für die Ermittlung des Bodenwerts und für zur Eigennutzung geeignete Eigentumswohnungen.
2. Bei der Ermittlung des Bauwerts als Teil des Sachwerts sollen nach Maßgabe des Vorsichtsprinzips, das angesichts der Zukunftsorientierung die Beleihungswertermittlung prägt, Abschläge vom Bauwert vorgenommen werden („geminderter Bauwert").
3. Die Baunebenkosten eines Bauvorhabens dürfen nur bis zu einem angemessenen Höchstsatz als Anteil an den reinen Baukosten angesetzt werden. So ist ein Ersatz der insgesamt insoweit entstandenen Kosten im Falle eines Dritterwerbs erfahrungsgemäß oft nicht durchzusetzen. Die Finanzierungskosten sind bei den Baunebenkosten berücksichtigt.
4. Es dürfen nur dauerhafte ortsübliche Nettokaltmieten in die Ertragswertberechnung eingehen. Primären Anknüpfungspunkt bildet hierbei das aktuelle ortsübliche Marktniveau. Zeitlich begrenzte Mehrerträge (overrent) dürfen bei der Beleihungswertermittlung aber nicht berücksichtigt werden.
5. Für die beim Vermieter verbleibenden Bewirtschaftungskosten sind Mindestansätze zu berücksichtigen. Bei detaillierter Ermittlung der Bewirtschaftungskosten im Rahmen der üblichen Normalaufwendungen soll ein Mindestansatz bezogen auf die Nettokaltmiete nicht unterschritten werden. Alternativ können auch Bewirtschaftungskostenpauschalen in Ansatz gebracht werden. Hierbei sollen die normalen, für das Beleihungsobjekt typischen Bewirtschaftungskosten nicht unterschritten werden.
6. Die Kapitalisierung der Reinerträge muß im Regelfall innerhalb bestimmter Bandbreiten der Kapitalisierungszinssätze erfolgen, wobei der untere Wert der Bandbreite typischerweise als Mindestkapitalisierungszinssatz, unterschiedlich bei Wohnungsbauobjekten und bei gewerblichen Objekten aufgefasst wird. Je nach Standort, Nutzungsart, Objektzustand, Vermietung und Verwertbarkeit ist ein individueller Maßstab bezüglich höherer Ansätze anzulegen, entsprechend dem objekttypischen Risiko.
7. Bei der Einschätzung der nachhaltigen Ertragsfähigkeit der Immobilie ist ih-

re vielseitige Verwendbarkeit oder ihre ausreichende Nutzbarkeit durch Dritte zu prüfen.

8. Wesentliche objektbezogene Beleihungsrisiken sind als Grundlage für die Kreditentscheidung darzulegen.
9. Bei allen Objekten, bei denen im Rahmen der Verkehrswertermittlung Rechte, die in Abteilung II des Grundbuchs eingetragen sind und den Barwert beeinflussen (Erbbauzins, Leib- oder Zeitrenten, Wohnrechte etc.), ergibt sich für die Beleihungswertermittlung eine eigenständige Vorgabe. Wegen der Bedeutung der Rangstelle der grundpfandrechtlichen Sicherung ist vom Grundsatz her der Beleihungswert frei von solchen Abt.-II-Lasten zu ermitteln. Derartige geldwerte Rechte sind gesondert zu bewerten, weil nach der sich ergebenden Rangstelle für das Grundpfandrecht des Kreditinstituts ausgehend von diesen Werten über den Beleihungsauslauf entschieden wird.
10. Für die Beleihungswertermittlung dürfen nur Sachverständige bzw. geeignete Mitarbeiter verantwortlich zeichnen, die auf dem Sektor der hypothekarischen Wertermittlung die erforderliche Qualifikation sowie ausreichende Erfahrung nachweisen können und der Bank als vertrauenswürdig bekannt sind. Bis zur sog. Kleindarlehensgrenze ist ein vereinfachtes Schätzverfahren ohne Erstellung eines förmlichen Gutachtens möglich, wenn durch geeignete organisatorische Vorkehrungen und Kontrollen eine hinreichend sichere Wertermittlung gewährleistet ist.
11. Bei gemischtgenutzten Objekten ist die Trennung der Ertragswertberechnung nach wohnungswirtschaftlichem und gewerblich genutztem Teil erforderlich.
12. Im Zuge der Beleihungswertermittlung hat der Sachverständige eine Beurteilung über die allgemeine Marktgängigkeit des Objekts (Vermiet- und Verwertbarkeit) vorzunehmen.

2 Wertermittlung bei Beleihungen von Immobilien im Ausland

EU-einheitliche Wertermittlungsvorgaben gibt es bislang nicht. Die Banken können Gutachten verwenden, die nach den anerkannten landesspezifischen Bewertungsverfahren erstellt werden. Bei der Plausibilitätsprüfung dieser Gutachten ist darauf zu achten, daß die Ergebnisse die unter I und II dargelegten Grundsatzkriterien des Beleihungswertes erfüllen. Ziel der deutschen Hypothekenbanken ist es, die in I und II genannten Kernelemente des Beleihungswertes, die aus seiner Philosophie und seiner Definition bestehen, in eine künftige europäische Diskussion einzubringen.

Schlussbemerkung

Die vorstehenden grundsätzlichen Feststellungen umfassen die wesentlichen Elemente zur Methodik der Beleihungswertermittlung, sie können jedoch die Gesamtthematik nicht komplett abdecken und erheben deshalb keinen Anspruch auf Vollständigkeit. Weitere Detailfragen – wie z.B. die Höhe der Mindestkapitalisierungszinssätze, die Zulässigkeit des Ansatzes von umlagefreien Mieten und diesbezüglich reduzierter spezifizierter Bewirtschaftungskosten, die konkreten Verfahren bei Beleihungswertermittlungen für Auslandsobjekte – befinden sich noch in der Diskussion.

Dieses Grundsatzpapier wurde im Oktober 1996 mit dem BAKred abgestimmt.

Wesentliche Aspekte der Beleihungswertermittlung

Bonn, 03.06.1998

Vorbemerkung

Der Verband deutscher Hypothekenbanken hat seit 1995 die Fragen des Sachverständigen- und Bewertungswesens intensiv diskutiert, um über das mitgliederspezifische Interesse hinaus eine Plattform zu schaffen, die einerseits bei der

Bewertungsmethodik einheitliche Standards setzt und andererseits die Stellung der Gutachter stärkt. Diesbezüglich wurde ein Zertifizierungssystem aufgebaut, welches seit 1996 den in Hypothekenbanken bzw. für Hypothekenbanken tätigen Sachverständigen die Möglichkeit bietet, ihr Know-how in einer Zertifizierungsprüfung zu demonstrieren.

Hinsichtlich der Methodik der Beleihungswertermittlung wurden zeitgleich die Gespräche mit dem Bundesaufsichtsamt für das Kreditwesen intensiviert und mündeten im Oktober 1996 in dem Grundsatzpapier zum Beleihungswert von Immobilien, in welchem neben der Philosophie des Beleihungswertes im Sinne von § 12 HBG vor allem die Präzisierung der Unterschiede zwischen Beleihungswert und Verkehrswert vorgenommen worden sind. Dieses Grundsatzpapier wurde mittlerweile in englischer, polnischer und ungarischer Sprache übersetzt. Es dient innerhalb der Hypothekenbankenbranche als Positionspapier zur Abgrenzung gegenüber dem Verkehrswert und wurde auf (west-) europäischer Ebene dazu verwendet, die Eigenständigkeit des Beleihungswertbegriffes für kreditwirtschaftliche Zwecke in Abgrenzung zum Open Market Value als Begriff der englischen Chartered Surveyors herauszustellen.

Darüber hinaus ist die deutsche Position zum Beleihungswert auch über die Fédération Hypothécaire in eine gemeinsame Philosophie des europäischen Beleihungswertes (European Mortgage Lending Value, EMLV) eingeflossen. Dieser EMLV kann zukünftig auf europäischer Ebene aufgrund der im November 1997 verabschiedeten Solvabilitätsrichtlinie für die Berechnung der Eigenkapitalunterlegung gewerblicher Hypothekarkredite verwendet werden.

Die folgenden Ausführungen des vom Ausschuss für Bewertungsfragen in Absprache mit dem Bundesaufsichtsamt für das Kreditwesen entwickelten Papiers sind als weitere Konkretisierungsstufe des Grundsatzpapiers zu sehen. Da die Eigenständigkeit des Beleihungswertes im Ertragswertverfahren in den Komponenten eines nachhaltigen Mietansatzes, eines ausreichend hohen Abzuges der Bewirtschaftungskosten, eines ggf. zu berücksichtigenden Modernisierungsrisikos und in einem langfristig sicheren Kapitalisierungszinssatz begründet ist, gilt es vor allem, diese Besonderheiten zu berücksichtigen.

Grundsätzlich gilt, daß jede Ertragswertberechnung einer Immobilie unabhängig von ihrer Zweckbestimmung (z.B. Beleihungswert oder Verkehrswert) als finanzmathematisches Ergebnis von wesentlichen, variablen Einflußfaktoren bestimmt wird. Dies sind im einzelnen:

Mietansatz
Bewirtschaftungskosten
Kapitalisierungszinssatz
wirtschaftliche Restnutzungsdauer

Realistische Ergebnisse, die das langfristige Marktgeschehen widerspiegeln, entstehen alleine aus dem fachkundigen Verknüpfen dieser sorgfältig ermittelten einzelnen Komponenten, unter Beachtung ihrer jeweiligen Auswirkungen auf das Gesamtergebnis. Nur auf diese Weise lassen sich Wertverzerrungen vermeiden, wie sie u.U. durch eine isolierte Betrachtungsweise einzelner oder mehrerer Faktoren entstehen können.

So zeigt eine einfache Analyse, wie sich alleine unter Einbeziehung von zwei Einflußfaktoren, z.B. Bewirtschaftungskosten und Kapitalisierungszins, das Gesamtergebnis überproportional verändern kann. Werden etwa unter dem Aspekt einer Wertreduzierung beide Faktoren um 10% variiert, so vermindert sich der Ertragswert gegenüber dem Ausgangsergebnis um ca. 18% vice versa. Bei einer Änderung von 15% beträgt die Wertdifferenz sogar ca. 27%.

Während die spezielle Zweckbestimmung des Beleihungswertes gemäß § 12 HBG im Grundsatzpapier behandelt wurde, sollen bezüglich der Mietausgangsgrößen, der Bewirtschaftungskosten, des Modernisierungsrisikos und des Kapitalisierungszinssatzes im folgenden die besonderen methodischen Anforderungen näher beschrieben werden.

Dazu werden zunächst die Begriffe definiert und sodann in beleihungsrelevante objektartbezogene Zusammenhänge gesetzt. Die Basis zur Bestimmung dieser Größen und deren Zusammenhänge bilden immer das Marktgeschehen und die marktüblichen Gepflogenheiten. Daraus werden Maßstäbe für die Methodik der Beleihungswertermittlung abgeleitet.

1 Mietausgangsgrößen

1.1 Definition der Mietflächen

Die Mietfläche entspricht der vermietbaren Wohnfläche bei wohnwirtschaftlicher Nutzung und der dauerhaft vermietbaren Nutzfläche bei gewerblicher Nutzung.

1.1.1 Die vermietbare Wohnfläche (Netto-Grundfläche der Wohnung) erfährt ihre Definition nach den §§ 42 – 44 der II. Berechnungsverordnung (II. BV), ersatzweise nach DIN 283 (inzwischen zurückgezogen).

1.1.2 Bei gewerblichen Mietflächen besteht keine gesetzliche Vorgabe. Allerdings gibt es nach DIN 277 eine Definition der Bauwerksflächen. Eine der gängigen Vermietungsflächen ist danach die Netto-Grundfläche (NGF), entsprechend der Summe der nutzbaren Grundflächen aller Grundrissebenen eines Bauwerkes, einschließlich freiliegender Installationen und fest eingebauter Gegenstände; die NGF gliedert sich in Nutzfläche, Funktionsfläche und Verkehrsfläche. Die Nutzfläche nach DIN 277 entspricht nicht der gewerblichen Mietfläche.

Für die Beleihungswertermittlung sollte als Mietfläche grundsätzlich nur die modifizierte Netto-Grundfläche innerhalb der Mieteinheit (reduziert um Funktionsflächen und Verkehrsflächenanteile, bestehend aus Treppenhäusern und Aufzügen) in Ansatz gebracht werden. Zusätzlich können fallweise allgemein zugängige Verkehrsflächen außerhalb der Mieteinheit (z.B. Hallen, Foyers,

Flure) anteilig in die Mietfläche einbezogen werden, soweit ortsüblich gebräuchlich. Diese Vorgabe wird für Büroräume durch die Mietflächendefinition der Gesellschaft für Immobilienwirtschaftliche Forschung e.V. (gif) weitestgehend abgedeckt.

1.2 Definition Mietbegriff / Mieten

Die Verwendung und Definition von Mietbegriffen im Rahmen der Beleihungswertermittlung soll verbindlich, wie folgt, festgelegt werden:

Netto-Kaltmiete: Miete (nachhaltige Marktmiete), ohne mieterseitige Nebenleistung aus umlagefähigen Bewirtschaftungskosten, ohne Mehrwertsteuer.

Brutto-Kaltmiete: Miete, einschließlich auf Mieter umlagefähigem Bewirtschaftungskostenaufwand (ohne Heizung), ohne Mehrwertsteuer.

Brutto-Warmmiete: Warmmiete, einschließlich auf Mieter umlagefähigem Bewirtschaftungskostenaufwand (inkl. Heizung), ohne Mehrwertsteuer.

Reinertrag: Verbleibender Mietanteil nach Abzug aller Bewirtschaftungskosten, ohne Mehrwertsteuer.

Die jährlichen Mieterträge werden als Jahres-Netto-Kaltmiete, Jahres-Brutto-Kaltmiete, Jahres-Brutto-Warmmiete bzw. Jahres-Reinertrag bezeichnet.

Die allgemeine Definition der **Jahres-Netto-Kaltmiete** entspricht im wesentlichen dem **Jahres-Rohertrag** nach § 17 WertV.

Bei den Mietansätzen für die Beleihungswertermittlung ist zu berücksichtigen, daß sie den erhöhten Anforderungen im Hinblick auf lange Gültigkeit und Nachhaltigkeit genügen müssen.

1.3 Ableitung des Mietansatzes aus dem Marktgeschehen

1.3.1 Nahezu alle Mietabschlüsse (Verträge), Mietspiegel und Vergleichsmietpublikationen basieren in Deutschland – im Gegensatz zu früher – auf sogenannten Netto-Mietvereinbarungen. Daneben werden regelmäßig die umlagefähigen Neben-/Betriebskosten gesondert aufgeführt, die die Mieter i.d.R. zusätzlich zur Miete entrichten (sogenannte Zweite Miete).

1.3.2 Diese unmittelbar aus dem Marktgeschehen abgeleiteten Netto-Kaltmieten bieten eine weitgehend reale und objektive Vergleichsmöglichkeit, insofern sind sie auch Grundlage der in Deutschland gängigen Wertermittlungsverfahren.

1.3.3 Zu unterscheiden ist grundsätzlich zwischen der Marktüblichkeit von Mietvertragsvereinbarungen und den individuell vorhandenen Vertragsabschlüssen und Mietverhältnissen. D.h., bei bestehenden Verträgen und Mietverhältnissen ist die Einzelfallprüfung (angesetzte Mietfläche, Höhe der vereinbarten Netto-Kaltmiete, Umfang der umlagefähigen/nicht umlagefähigen Kosten) erforderlich, um ggf. individuelle Regelungen, die von der Normalbewirtschaftung abweichen, kritisch unter Würdigung der Nachhaltigkeit in der Wertermittlung zu berücksichtigen.

1.4 Handhabung des Mietansatzes für die Beleihungswertermittlung

1.4.1 Der Gesamtmietaufwand für einen Mieter (Netto-Kaltmiete und sämtliche mieterseitig zu tragenden Umlagen) ist für die Beurteilung des Objektes hinsichtlich der Wiedervermietung oder der Veräußerbarkeit von Bedeutung. Dementsprechend würde die Brutto-Warmmiete einen ausreichenden Aufschluß über die Gesamtaufwendungen (einschließlich der Nutzungskosten wie Heizung, Klimaanlage, Wasser, Strom, Gas, Müll, Bewachung, Reinigung etc.) geben. Die Einschätzung dieser Gesamtaufwendungen ist jedoch problematisch, da sie im Regelfalle wegen der stark verbrauchsabhängigen Anteile – insbesondere für Heizungskosten – einer großen Ungenauigkeit unterliegen.

Demnach bietet der Ansatz von Bruttokalt- oder Nettokaltmiete eine verläßliche Ausgangsgröße für die Beleihungswertermittlung, da die stark verbrauchsabhängigen Komponenten reduziert bzw. ausgeschlossen sind.

Ziel ist, den nachhaltig erzielbaren Reinertrag zu ermitteln. Dies kann sowohl auf Basis der Bruttokaltmiete als auch der Nettokaltmiete erfolgen.

1.4.2 Brutto-Kaltmieten als Ausgangsgrößen führen zu realistischen Ertragswerten, wenn die abgesetzten Bewirtschaftungskosten der Summe aus den umlagefähigen Bewirtschaftungskosten und den von der Netto-Kaltmiete abzuziehenden (beim Eigentümer verbleibenden) nicht umlagefähigen Bewirtschaftungskosten entspricht.

1.4.3 Die Netto-Kaltmiete kann unmittelbar aus den verfügbaren Marktdaten abgeleitet werden. Dadurch sind reale und objektive Vergleichsmöglichkeiten gegeben. Die nachhaltige Netto-Kaltmiete sollte daher als transparente Mietausgangsgröße Eingang in die Beleihungswertermittlung finden.

1.4.4 Der Sachverständige hat sich auch bei der Verwendung von Netto-Kaltmieten mit der Wirtschaftlichkeit und damit der Konkurrenzfähigkeit eines zu bewertenden Objektes ausreichend auseinander zu setzen. Hierzu sind Aussagen über die Höhe der Betriebskosten und ihre Angemessenheit erforderlich. Eine dabei evtl. erkennbare Unwirtschaftlichkeit des Objektes aufgrund zu hoher Gesamtaufwendungen (Nachteile gegenüber dem Markt) sollte dann für die Beleihungswertermittlung Berücksichtigung finden. Dies ist entweder bei den Bewirtschaftungskosten (Erhöhung) oder der nachhaltigen Netto-Kaltmiete (reduzierter Ansatz) möglich. Eine weitere Korrektur muß – entsprechend den speziellen Anforderungen der Beleihungswertermittlung – der Mietansatz erfahren, wenn z.B. zeitlich begrenzte Mehrerträge (Overrent) gegeben sind, die nicht zu berücksichtigen sind.

2 Bewirtschaftungskosten

2.1 Definition

Die Bewirtschaftungskosten sind exemplarisch für den Wohnungsbau in der II. Berechnungsverordnung (§§ 24 – 29) und der WertV (§ 18) definiert. Hiernach handelt es sich um Kosten, die zur Bewirtschaftung des Gebäudes oder der Wirtschaftseinheit laufend erforderlich sind. Sie sind nach den Grundsätzen einer ordentlichen (normalen) Bewirtschaftung und nach der Art der Nutzung zu bemessen. In Anlehnung an diese Definitionen setzen sich die Bewirtschaftungskosten zusammen aus: Abschreibung, Verwaltungskosten, Betriebskosten, Instandhaltungskosten und Mietausfallwagnis.

In der Vertragspraxis des Gewerbemietmarktes werden diese Kostenarten und Definitionen i.d.R. analog angewandt.

2.2 Definition der einzelnen Bewirtschaftungskosten

2.2.1 Abschreibung

Unter Abschreibung versteht man im Rahmen der Wertermittlung die periodische Kapitalrückführung der auf die baulichen Anlagen entfallenden Reinertragsanteile zum Ausgleich der Wertminderung in Folge Alters und Abnutzung. Es handelt sich um eine finanzmathematische Betrachtung im Sinne von einer Rückführung des investierten Kapitals.

Im Ertragswertverfahren richtet sich die Rückführung des Kapitals allein nach den wirtschaftlichen Gesichtspunkten der Zinseszinsrechnung, bezogen auf den anteiligen Gebäudeertrag während der angenommenen Restnutzungsdauer. Die Aufrechterhaltung der Ertragsfähigkeit erfolgt über die Instandhaltung und ist somit nicht Gegenstand der Abschreibung.[1]

2.2.2 Verwaltungskosten

Bei den Verwaltungskosten handelt es sich u.a. um Kosten und Gebühren für:

- Mieteingang, Mietanpassung, Mietänderung
- Neuvermietung, Abschluß von Mietverträgen
- Buchhaltung, Rechnungsprüfung, Zahlungsverkehr, Jahresabschluß
- Bearbeitung von Versicherungsfällen
- Organisation von Instandhaltungsarbeiten.

2.2.3 Betriebskosten

Hierbei handelt es sich um laufende Kosten, die durch das Eigentum am Grundstück bzw. dessen bestimmungsmäßigem Gebrauch und seiner baulichen Anlagen entstehen. Im wesentlichen handelt es sich um Aufwendungen für:

- laufende öffentliche Lasten (z.B. Grundsteuer)
- Wasserversorgung, Entwässerung
- Heizungsversorgung
- Kälteversorgung
- Warmwasserversorgung
- Aufzugsbetrieb
- Straßenreinigung
- Müllabfuhr, Hausreinigung
- Gartenpflege
- Gemeinschaftsbeleuchtung
- Schornsteinreinigung
- Sach- und Haftpflichtversicherung
- Hauswart
- Gemeinschaftsantenne
- sonstige Betriebskosten.

2.2.4 Instandhaltungskosten (Normalinstandhaltungskosten)

Hierbei handelt es sich um Kosten, die zur Erhaltung des bestimmungsmäßigen Gebrauchs der baulichen Anlagen während ihrer Nutzungsdauer in Folge Abnutzung, Alterung und Witterung aufgewendet werden müssen (nach DIN 31051: Bewahrung und Wiederherstellung des Sollzustandes). Sie umfassen die laufende Instandhaltung und regelmäßige Instandsetzung (einschließlich Ersatz) der baulichen Anlage, jedoch nicht deren Modernisierung. Der Ansatz der Instandhaltungskosten in der Wertermittlung ist unter Würdigung des vorgefun-

1 Im Wertermittlungsverfahren nach WertV ist die Abschreibung bereits im Vervielfältiger enthalten, wodurch bei gleichem Soll- und Abschreibungszins der Rentenbarwert des anteiligen Gebäudeertrages bezogen auf die erwartete Restnutzungsdauer ermittelt wird. Wird mit diesem Vervielfältiger gerechnet, entfällt die Berücksichtigung der Abschreibung bei den Bewirtschaftungskosten. Wird auf ewig kapitalisiert, muß die Abschreibung bei den Bewirtschaftungskosten abgesetzt werden.

denen Objektzustandes auf den langjährigen Durchschnitt eines Objektes auszurichten. Während bei Neubauten die Aufwendungen anfangs gering sind, steigen sie mit zunehmendem Gebäudealter. Ein zum Bewertungszeitpunkt erkennbarer, akuter Instandhaltungsrückstau ist nicht den Instandhaltungskosten zuzuführen, sondern als gesonderter Wertabschlag in Höhe der erwarteten Aufwendungen zu berücksichtigen.

2.2.5 Mietausfallwagnis

Das Mietausfallwagnis berücksichtigt Ertragsausfälle durch vorübergehenden Leerstand sowie uneinbringliche Mietrückstände und deren Kosten für die Rechtsverfolgung. Es wird als langjähriger Durchschnittssatz kalkuliert. Ein zum Bewertungszeitpunkt erkennbares, akutes Mietausfallwagnis, welches deutlich über dem kalkulierten Durchschnittssatz liegt, ist als gesonderter Wertabschlag in Höhe des erwarteten Ausfalles anzusetzen, sofern es nicht bereits bei dem nachhaltigen Mietansatz berücksichtigt wurde.

2.3 Abhängigkeiten und Zuordnung der Bewirtschaftungskosten

Betrachtet man die einzelnen Bewirtschaftungskostenarten entsprechend dem Marktgeschehen, so ergeben sich bei deren Bemessung regelmäßig folgende Abhängigkeiten und Zuordnungen:

- Abschreibung: Finanzmathematische Kapitalsammlung nach den Regeln der Rentenrechnung (progressiver Verlauf), Bestimmungsfaktoren sind Restnutzungsdauer, Kapitalisierungszins und Gebäudeertragsanteil. Eine direkte prozentuale Ableitung aus der Miete ist nicht gegeben. (Bei Verwendung des Vervielfältigers nach WertV entfällt der gesonderte Ansatz.)
  → Vermieterseitige Zuordnung.
- Verwaltungskosten:
  Fixkosten nach:
  - Nutzungsart
  - Anzahl der Vermietungseinheiten

  Bei Wohnflächen generell miethöhenunabhängige Kostenbemessung, bei Gewerbevermietung Ausrichtung nach Nutzungseinheiten, Mietfläche oder Miethöhe.
  → Regelmäßig vermieterseitiger Aufwand. Bei Gewerbevermietung – je nach Vertragsvereinbarung – teilweise auch auf Mieter umlagefähig. (Gutachterliche Einschätzung)
- Betriebskosten: Kostenabhängig von tatsächlich anfallenden Gebühren und Aufwendungen. Lediglich bei den Energiekosten sind z. T. gebäudespezifische Eigenschaften von Einfluß, ansonsten entstehen die Kosten im wesentlichen gebühren- und

verbrauchsabhängig. Ein (prozentualer) Bezug zur Miete ist nicht gegeben.
→ Generell mieterseitige Zuordnung. Die Aufwendungen werden – bis auf Ausnahmen – regelmäßig über die Umlage gesondert zur Miete erhoben, entsprechend dem geltenden Mietrecht. Einzelne Vertragsgestaltungen sind zu beachten.
(Gutachterliche Einschätzung)

- Instandhaltung: Gebäudebedingte Aufwendungen je nach Ausstattung und Bauweise, kein prozentualer Bezug zur Miete gegeben.
  Die Kosten sind abhängig von:
  - Alter und Zustand der Gebäude
  - Ausstattungsstandard (Qualität)
  - Bauweise und -konstruktion
  - Nutzungsart

  Instandhaltungskosten können aufgrund von Erfahrungswerten, Publikationen (z.B. II. BV) sowie anhand prozentualem Ansatz vergleichbarer Neubaukosten ermittelt werden.
  → Generell vermieterseitiger Aufwand, in der Regel zumindest für Dach und Fach. Schönheitsreparaturen in der Regel mieterseitig, bei gewerblichen Vermietungen auch Teilübernahme der Instandhaltungskosten für Dach und Fach durch Mieter möglich. (Gutachterliche Einschätzung)
- Mietausfallwagnis: Steht im Bezug zum Mietertrag unter Berücksichtigung von:
  - Miethöhe
  - Restlaufzeit der Mietverträge
  - individuellen Objekteigenschaften
  - Marktsituation
  - Mieterbonität

  → Vermieterseitige Zuordnung. (Gutachterliche Einschätzung)

2.4 Ableitung der Bewirtschaftungskosten aus dem Marktgeschehen

Die Bewirtschaftungskosten teilen sich auf in Kosten, die vom Vermieter zu tragen sind und Kosten, die als Umlage auf den Mieter zusätzlich zur Miete anfallen. Bei wohnwirtschaftlicher Nutzung sind nach geltendem Mietrecht beispielsweise die Betriebskosten voll auf die Mieter umlagefähig (wenn im Mietvertrag vereinbart), bei Gewerbevermietungen werden darüber hinaus regelmäßig auch Kosten der Verwaltung und der Instandhaltung zumindest teilweise umgelegt. Grundsätzlich können Mietverträge besonders in diesem Bereich stark voneinander abweichen – insofern empfiehlt sich die Einzelfallprüfung. Dennoch ergeben sich Regelmäßigkeiten, die bei der Ermittlung des Bewirtschaftungskostenansatzes für einen Vermieter (Grundstückseigentümer) als üblicher, marktkonformer „Normalaufwand“ anzusehen sind.

2.4.1 Bei der Festlegung dieser marktüblichen nicht umlagefähigen Bewirtschaftungskosten lassen sich grundsätzlich 2 Objektgruppen unterscheiden:

a) Wohnobjekte
- Instandhaltungskosten
- Mietausfallwagnis
- Verwaltungskosten

b) Gewerbeobjekte
- Instandhaltung (objektartdifferenziert)
- Mietausfallwagnis
- Teile der Verwaltungskosten.

Sollten Teile der umlagefähigen Bewirtschaftungskosten tatsächlich nicht vom Mieter getragen werden, erhöhen sie die anzusetzenden nicht umlagefähigen Bewirtschaftungskosten. (Gutachterliche Einschätzung)

2.4.2 Im Rahmen der Beleihungswertermittlung mit ihren erhöhten Anforderungen bezüglich langer Gültigkeitsdauer und somit dauerhaft nachhaltiger und sicherer Rein-Erträge ist über das konkrete Mietverhältnis hinaus ein höheres Maß an Standardisierung und Abstraktion im Hinblick auf die anzusetzenden Bewirtschaftungskosten notwendig.

Basis hierfür ist die Festlegung einer einheitlichen, durch Erfahrung gestützten Standardmietsituation mit einer mietvertragsunabhängigen Definition der regelmäßig unter Risikogesichtspunkten vom Vermieter zu tragenden (d. h. nichtumlagefähigen) Kosten.

Im Sinne dieser Vorgaben sollen als Ausgangs- und Bezugsgrößen sowohl für wohnwirtschaftliche als auch gewerbliche Nutzungen die Nettokaltmiete, die umlagefähigen Betriebskosten und die nichtumlagefähigen Bewirtschaftungskosten gelten.

Standardsituation:

A) Nettokaltmiete (nachhaltiger Mietertrag)
B) Umlagefähige Betriebskosten (werden vom Mieter getragen)
C) Nichtumlagefähige Bewirtschaftungskosten (verbleiben beim Vermieter)
- Instandhaltungskosten
- Mietausfallwagnis
- Verwaltungskosten

Im Hinblick auf die Höhe der nichtumlagefähigen Bewirtschaftungskosten sind im Regelfall – insbesondere im gewerblichen Bereich – Vertragsvereinbarungen zugunsten des Vermieters (z.B. Triple-Net oder FRI-Vereinbarungen) nicht zu berücksichtigen. Es sei denn, daß aufgrund dieser Vertragsregelung bereits eine entsprechend niedrigere Miete vereinbart wurde.

Im Gegensatz dazu sind jedoch solche von den Standardvorgaben abweichende Vertragsbestimmungen, die die Kostenbelastung des Eigentümers erhöhen, etwa nicht vollständig umgelegte Betriebskosten, als Bewirtschaftungskostenerhöhung bzw. Ertragsminderung (Kürzung des Nettokalt-Mietansatzes) bei der Beleihungswertermittlung zu berücksichtigen.

2.5 Relation zwischen Bewirtschaftungskosten und Miethöhe

2.5.1 Die Bewirtschaftungskosten sind – dies zeigen die vorstehenden Ausführungen – eine relativ eigenständige Größe. Sie stehen weitestgehend in keinem direkten Zusammenhang mit der Höhe der Mietzahlungen. Ausnahme bilden das Mietausfallwagnis, die Abschreibung (wird im Vervielfältiger berücksichtigt) und in einzelnen Fällen die Verwaltungskosten (gewerblicher Bereich).

2.5.2 Verdeutlichen läßt sich dies beispielsweise durch Berechnungstableaus gleichartiger Gewerbe- bzw. Wohnobjekte bei jeweils unterschiedlichen Mieterträgen. Zu erkennen ist, daß bei geringen Mieten die objektbezogen angemessenen Bewirtschaftungskosten einen sehr hohen und bei hohen Mieten einen geringen Prozentsatz zur Miete aufweisen.

2.5.3 Allgemein gültige, prozentuale Pauschalansätze für Bewirtschaftungskosten sind deshalb in der Regel ein wenig probates Mittel für aussagekräftige, transparente und damit risikoarme Bewertungen. Sie können bei zu schematischer und nicht sachgerechter Anwendung u.U. zu unangemessenen Wertverzerrungen führen. Aus diesem Grund ist die für das einzelne Bewertungsobjekt vorzunehmende differenzierte Ermittlung der Bewirtschaftungskosten daher von großem Vorteil und inzwischen Praxis bei qualifizierten Wertermittlungen, insbesondere für komplexe Bewertungsfälle.

Liegen keine abgerechneten Bewirtschaftungskosten vor, die als Beurteilungsgrundlage für die nachhaltigen Normalbewirtschaftungskosten dienen können, müssen sichere, durch Erfahrung gestützte Einzelkostenansätze gewählt werden, die entsprechend dem Erfahrungsschatz des Gutachters die zukünftige Entwicklung realistisch abbilden.

2.6 Maßstäbe für die Berücksichtigung der Bewirtschaftungskosten bei der Beleihungswertermittlung

2.6.1 Die über einen langen Zeitraum gefestigten Abläufe am Immobilienmarkt und die hieraus abgeleiteten Immobilienmarktdaten – insbesondere die Höhe ortsüblicher Mieten und Pachten sowie die Höhe der Bewirtschaftungskosten – stellen die zuverlässige Datenbasis für eine Wertermittlung dar. Aus diesen gesicherten Marktdaten sind die, den langfristigen Ertragsrisiken Rechnung tragenden nachhaltigen Ansätze für die Beleihungswertermittlung im Sinne von § 12 HBG abzuleiten.

2.6.2 Anstelle der bisherigen Bewirtschaftungskostenpauschalen sind risikomindernde aus langfristiger Markterfahrung gewonnene Einzelkostenansätze (Mietausfallwagnis, Instandhaltungskosten, Verwaltungskosten sowie ggf. weitere nichtumlagefähige Bewirtschaftungskosten) zu wählen und ggf. zusätzlich auch ein objektartspezifisches Reinvestitionsrisiko/Modernisierungsrisiko zu berücksichtigen. Das Reinvestitionsrisiko wird zwar vom Markt im Rahmen der Miethöhe, der Restnutzungsdauer und dem Liegenschaftszinssatz etc., antizipiert; es muß aber insoweit, wie es für den Zweck der Beleihungswertermittlung als nicht ausreichend eingestuft wird, in die gutachterliche Stellungnahme einbezogen werden (vgl. 3.).

2.6.3 Für Instandhaltungs- und Verwaltungskosten sowie für Mietausfallwagnis können nachfolgende, aus langjähriger Erfahrung gewonnene Einzelansätze verwendet werden:

Verwaltungskosten

a) Wohnungsbau/gemischte Objekte
Kalkuliert auf der Basis der Einheiten
Bandbreiten der Kosten:
- Wohnungen 400,– bis 500,– DM/WE p.a. (205 bis 256 €)
- Garagen 45,– bis 60,– DM/WE p.a. (23 bis 31 €)

b) Gewerbliche Objekte
Wenn keine Kalkulation über Einheiten möglich, dann in Abhängigkeit von Miethöhe und Struktur des Objektertrag
Bandbreiten:
1 – 3 % des Jahresrohertrages

In jedem Einzelfall ist jedoch objektbezogen darauf zu achten, daß der ausgewiesene, absolute Betrag für eine ordnungsgemäße Verwaltung angemessen ist.

Instandhaltungskosten

Kalkulationsbasis Neubaukosten pro m² Wohn- oder Nutzfläche ohne Baunebenkosten und Außenanlagen. In Abhängigkeit vom Objektzustand zum Zeitpunkt der Bewertung, vom Ausstattungsgrad/Technisierungsgrad und vom Alter, wobei die untere Grenze der Bandbreite für neue Objekte und die obere Grenze für ältere Objekte (Alter: 50 Jahre) zu sehen ist.

Kategorie A:
wie etwa Lager- und Produktionshallen
500,– DM – 1.000,– DM (pro m^2 Neubaukosten*) 0,8 – 1,2%, Untergrenze 5,– DM (256 – 511 € [pro m^2 Neubaukosten*] 0,8 – 1,2%, Untergrenze 2,56 €)

Kategorie B:
wie etwa gewerbliche Objekte einfachen Standards, SB-Verbrauchermärkte
größer 1.000,– DM (pro m^2 Neubaukosten*) 0,8 – 1,2%, Untergrenze 10,– DM (größer ca. 511 € [pro m^2 Neubaukosten*] 0,8 – 1,2%, Untergrenze 5,11 €)

Kategorie C:
wie etwa Wohngebäude und gewerbliche Gebäude, mittlerer Standard
größer ca. 2.000,– DM (pro m^2 Neubaukosten*) 0,5 – 1,0%, Untergrenze 14,– DM (größer ca. 1.023 € [pro m^2 Neubaukosten*] 0,5 – 1,0%, Untergrenze 7,16 €)

Kategorie D:
wie etwa hochwertige Büro- und Handelsobjekte
größer ca. 4.000,– DM (pro m^2 Neubaukosten*) 0,4 – 0,8%, Untergrenze 17,– DM (größer ca. 2.045 € [pro m^2 Neubaukosten*] 0,4 – 0,8%, Untergrenze 8,69 €)

Die Spanne der Herstellungskosten sind als Circa-Werte zu sehen.

Mietausfallwagnis

Standard:

a) Wohnungsbau	2% oder im Einzelfall mehr
b) Gewerbliche Objekte	4% oder im Einzelfall mehr

Das Mietausfallwagnis ist konkret abhängig von der jeweiligen Objektart, dem Standort und dem einzelnen Beleihungsobjekt.

2.6.4. Bandbreiten der anzusetzenden Bewirtschaftungskostenansätze
Aufgrund der individuellen Objektkriterien (z.B. Nutzungsart, Lage, Ausstattung, Zustand) und unterschiedlicher Mietansätze ist bezüglich der Bewirtschaftungskosten eine detaillierte Einzelbetrachtung des Objekts notwendig.

Dies sollte – wie oben ausgeführt – mit Hilfe erfahrungsgestützter und objektspezifischer Einzelkostenansätze erfolgen.

Die Praxis der Beleihungswertermittlung zeigt als Ergebnis dieser Systematik für einige typische Objektgruppen unter Beachtung der individuellen Einflußgrößen Bandbreiten für die %-Sätze der anzusetzenden Bewirtschaftungskosten auf Basis der Nettokaltmiete auf:

* pro m^2 Wohn-/Nutzfläche ohne Außenanlagen und ohne Baunebenkosten

Exemplarische Bandbreiten von Bewirtschaftungskosten (ohne Ansatz für Betriebskosten)

Objektart	Neubaukosten DM/m²	Miete (p.M.) DM/m²	Instandhaltungskosten				Verwaltungskosten				Mietausfallwagnis				Bewirtschaftungskostenspanne					
			von		bis		von		bis		von		bis		DM/m² Mietfläche			% aus Miete		
			%	DM/m²	%	DM/m²	%	DM/m²	%	DM/m²	%	DM/m²	%	DM/m²	von	bis	i.Mittel	von	bis	i.Mittel
Wohnen	2.000	7,50	[0,5]	14,00	0,9	18,00	[6,7]	6,00	8,0	7,15	2,0	1,80	2,0	1,80	21,80	26,95	24,38	24,2	29,9	27,1
	2.000	20,00	[0,5]	14,00	0,9	18,00	[2,5]	6,00	3,0	7,15	2,0	4,80	2,0	4,80	24,80	29,95	27,38	10,3	12,5	11,4
	3.000	7,50	[0,5]	15,00	0,8	24,00	[6,7]	6,00	8,0	7,15	2,0	1,80	2,0	1,80	22,80	32,95	27,88	25,3	36,6	31,0
	3.000	20,00	[0,5]	15,00	0,8	24,00	[2,5]	6,00	3,0	7,15	2,0	4,80	2,0	4,80	25,80	35,95	30,88	10,8	15,0	12,9
Büros	2.000	15,00	[0,5]	14,00	0,9	18,00	1,0	1,80	4,0	7,20	4,0	7,20	4,0	7,20	23,00	32,40	27,70	12,8	18,0	15,4
	2.000	40,00	[0,5]	14,00	0,9	18,00	1,0	4,80	4,0	19,20	4,0	19,20	4,0	19,20	38,00	56,40	47,20	7,9	11,8	9,8
	4.000	15,00	[0,4]	17,00	0,8	32,00	1,0	1,80	4,0	7,20	4,0	7,20	4,0	7,20	26,00	46,40	36,20	14,4	25,8	20,1
	4.000	40,00	[0,4]	17,00	0,8	32,00	1,0	4,80	4,0	19,20	4,0	19,20	4,0	19,20	41,00	70,40	55,70	8,5	14,7	11,6
Läden	2.000	25,00	[0,5]	14,00	0,9	18,00	1,0	3,00	4,0	12,00	4,0	12,00	4,0	12,00	29,00	42,00	35,50	9,7	14,0	11,8
	2.000	100,00	[0,5]	14,00	0,9	18,00	1,0	12,00	4,0	48,00	4,0	48,00	4,0	48,00	74,00	114,00	94,00	6,2	9,5	7,8
	4.000	25,00	[0,4]	17,00	0,8	32,00	1,0	3,00	4,0	12,00	4,0	12,00	4,0	12,00	32,00	56,00	44,00	10,7	18,7	14,7
	4.000	100,00	[0,4]	17,00	0,8	32,00	1,0	12,00	4,0	48,00	4,0	48,00	4,0	48,00	77,00	128,00	102,50	6,4	10,7	8,5
Lager- und	1.000	5,00	[0,8]	8,00	1,2	12,00	1,0	0,60	4,0	2,40	4,0	2,40	4,0	2,40	11,00	16,80	13,90	18,3	28,0	23,2
Prod.-Hallen	1.000	15,00	[0,8]	8,00	1,2	12,00	1,0	1,80	4,0	7,20	4,0	7,20	4,0	7,20	17,00	26,40	21,70	9,4	14,7	12,1

Hinweis: Instandhaltungskosten in %-Sätzen zu den Neubaukosten (ohne Außenanlagen u. Baunebenkosten) unter Beachtung von Untergrenzen in DM/m², Verwaltungskosten bei Wohnen auf Basis DM 420,– bzw. DM 500,– jährlich und einer angenommenen Wohnfläche von 70 m².
Alle Angaben beziehen sich auf die jährlichen Aufwendungen in DM (Version in Euro liegt noch nicht vor).

In der Regel weisen über 90 % aller Objekte mit den entsprechenden Einzelkostenansätzen, die sich in der Summe

- bei wohnlicher Nutzung
  zwischen 10 % – 35 % (je nach Qualität und Miethöhe des Wohnobjekts) und
- bei gewerblicher Nutzung
  zwischen 10 % – 30 % (je nach Qualität und Miethöhe des gewerblichen Objekts)

bewegen, grundsätzlich einen ausreichenden Abschlag im Sinne der realkreditspezifischen Anforderung an die Beleihungswertermittlung auf.

Da aber für die Beleihungswertermittlung der Gesichtspunkt, möglichst auch alle zukünftigen, potentiell den nachhaltigen Ertrag mindernden Risiken angemessen in die Wertfindung einzubeziehen, eine entscheidende Bedeutung besitzt, ist die Festlegung eines Mindestbewirtschaftungskostenansatzes auf Basis der Nettokaltmiete in Höhe von 15 % sachlich gerechtfertigt und zweckmäßig.

Anwendung findet dieser Mindestansatz aber nur, wenn das prozentuale Ergebnis aus den standardisierten Einzelkostenansätzen kleiner ist als 15 %. In allen anderen Fällen ist die höhere Summe des Einzelkostenansatzes für die Höhe der Bewirtschaftungskosten maßgebend.

3 Modernisierungsrisiko/Revitalisierungsrisiko

Bei dem sogenannten Modernisierungsrisiko handelt es sich um eine zu quantifizierende Größe, die aufgrund der langfristigen Wertbetrachtung bei bestimmten Objektarten in Abzug gebracht wird. Bislang wird das Risiko (besonders bei solchen Objekten mit höheren Mieten) bei der Beleihungswertermittlung durch erhöhte Bewirtschaftungskosten und/oder erhöhte Kapitalisierungszinssätze bzw. durch Reduzierung der Restnutzungsdauer berücksichtigt. Ziel der angestrebten Einzelbetrachtung dieses Risikos ist es, dieses transparent und nachvollziehbar quantifizieren zu können.

Mit Hilfe des quantifizierten Modernisierungsrisikos sollen die notwendigen Anpassungsmaßnahmen abgedeckt werden, die zusätzlich zu den Instandhaltungsmaßnahmen zur Aufrechterhaltung der Marktgängigkeit und der zum Bewertungszeitpunkt festgestellten Ertragsfähigkeit (Mietausgangsniveau) notwendig sind. Diesbezüglich ist ausschließlich der Modernisierungs-/Revitalisierungsaufwand zu berücksichtigen, der erforderlich ist, um das Ausgangsmietniveau dauerhaft zu sichern. Inwieweit dies durch laufende oder fallweise Modernisierungen erfolgt, ist dabei unerheblich.

Maßgebend für den Betrachtungs- und Risikozeitraum ist eine Frist von ca. 30 Jahren (Dauer eines üblichen Darlehens).

Ein zum Zeitpunkt der Bewertung in einem überschaubaren Zeitraum (rd. 3–5 Jahre) erkennbarer, akuter und konkreter Modernisierungsbedarf darf nicht über die Risikovorsorge aufgefangen werden. Wird ein solcher Bedarf bzw. Modernisierungsstau festgestellt, muß er auf der Basis der kalkulierten Aufwendungen als Wertminderung zusätzlich in Abzug gebracht werden. Allerdings können in diesem Fall sowohl die Vorteile infolge der Modernisierung als auch die Verringerung des Modernisierungsrisikos in die Bewertung mit einbezogen werden.

Das Modernisierungsrisiko ist insbesondere abhängig von:
a) der Objektart
b) der Lage des Objektes,
c) der baulichen Struktur und Ausstattung des Objektes,
d) dem Zustand des Objektes,
e) und von der Höhe des Ausgangsmietniveaus.

Eine Immobilie, welche zum Bewertungszeitpunkt noch langfristig marktgängig ist, aber nicht mehr zeitgerechten Ansprüchen genügt, wird mit einem entsprechenden reduzierten Mietansatz versehen. Aufgrund des niedrigeren Mietniveaus unterliegt es nicht dem gleichen Modernisierungsdruck bzw. -risiko wie hochpreisige Vergleichsobjekte.

Vereinfacht ausgedrückt lässt sich feststellen:

Das Modernisierungsrisiko ist i.d.R. umso größer

- je zeitgemäßer Ausstattung und Zuschnitt sein müssen,
- je älter die Immobilie ist,
- je exponierter und zentraler die Immobilie ist,
- je höher die Mieten sind.

Aufbauend auf den langfristigen Erfahrungen lassen sich die relevanten Immobilienarten in vier Risikogruppen mit unterschiedlichem Risikograd einteilen, wobei die Extrempositionen durch kein (kalkulatorisches) Risiko (z.B. Wohnungsbau) und sehr hohes Risiko (z.B. Sanatorien) gebildet werden.

Als Bezugsbasis für das Modernisierungsrisiko im Sinne einer jährlichen Rücklagenbildung empfiehlt sich ebenso wie bei den Instandhaltungskosten ein prozentualer Anteil an den Neubaukosten (siehe Instandhaltungskosten). Dadurch wird auch verdeutlicht, in welchem Verhältnis diese Aufwendungen zur normalen Instandhaltung stehen.

Modernisierungsrisiko	% der Neubauherstellungskosten (ohne Baunebenkosten und Außenanlagen)
Kein (kalkulatorisches) Modernisierungsrisiko z.B. Wohnhäuser, kleinere Wohn- und Geschäftshäuser, kleinere und mittlere Bürogebäude, Lager- und Produktionshallen	0%
Geringes/mittleres Modernisierungsrisiko z.B. größere Bürogebäude, große Bürokomplexe, innerstädtische Einkaufspassagen etc.	0,1 – 1,2%
höheres Modernisierungsrisiko z.B. innerstädtische Hotels, Einkaufszentren, Warenhäuser, Freizeitimmobilien im Einzugsbereich von Städten etc.	0,5 – 2,0%
sehr hohes Modernisierungsrisiko z.B. Sanatorien, Kliniken, sonstige Freizeitimmobilien, Hotels und Warenhäuser mit besonders hohen Standortanforderungen etc.	0,75 – 3,0%

In der Praxis der Wertermittlung kann das Modernisierungsrisiko durch

- eine verkürzte Restnutzungsdauer,
- eine Erhöhung des Kapitalisierungszinssatzes,
- eine Erhöhung der Bewirtschaftungskosten oder
- durch einen (individuellen) Wertabschlag

berücksichtigt werden, wobei die quantifizierte Auswirkung des Risikos auf die Beleihungswertermittlung im Ergebnis bei allen Varianten die gleiche sein muß.

Aus Gründen der Transparenz empfiehlt es sich bei der Beleihungswertermittlung, das Modernisierungsrisiko durch einen objektbezogenen Ansatz im Rahmen der Bewirtschaftungskosten zu berücksichtigen.

4 Kapitalisierungszinssätze

4.1 Definition

Der Kapitalisierungszinssatz ist Grundlage für die Ermittlung des Gegenwartswertes künftiger Erträge (Diskontierung). Er ist – neben der Netto-Kaltmiete, dem Ansatz für die Bewirtschaftungskosten sowie der wirtschaftlichen Restnutzungsdauer der baulichen Anlage – ein wesentlicher Faktor für die Ertragswertberechnung.

4.1.1 Bei dem Kapitalisierungszinssatz handelt es sich um den angenommenen Zinssatz, mit dem die künftig erzielbaren nachhaltigen Reinerträge eines Grundstückes auf den Zeitraum ihrer angenommenen Zahlung zur Feststellung des Barwertes (Gegenwartswert als Rentenbarwert) diskontiert werden. Die Summe aller Barwerte entspricht dem Ertragswert.

4.1.2 In der Regel wird von konstanten Erträgen ausgegangen, so daß die Summe der Barwerte mittels Reihenformel als Vielfaches der Jahres-Reinerträge ermittelt werden kann. Dieser Vervielfachungsfaktor (Vervielfältiger) entspricht finanzmathematisch dem Rentenbarwertfaktor in Abhängigkeit von Restnutzungsdauer und Kapitalisierungszins.

4.2 Exkurs: Ableitung des Liegenschaftszinssatzes aus dem Marktgeschehen nach WertV

Für die Verkehrswertermittlung wird der Kapitalisierungszins aus dem aktuellen Marktgeschehen abgeleitet und als Liegenschaftszins bezeichnet (Jahres-Reinerträge im Verhältnis zum Kaufpreis).

4.2.1 Die Definition des Liegenschaftszinssatzes erfolgt nach § 11 WertV: „Der Liegenschaftszinssatz ist der Zinssatz, mit dem der Verkehrswert von Liegenschaften im Durchschnitt marktüblich verzinst wird. Der Liegenschaftszinssatz ist auf der Grundlage geeigneter Kaufpreise und der ihnen entsprechenden Reinerträge für gleichartig bebaute und genutzte Grundstücke unter Berücksichtigung der Restnutzungsdauer der Gebäude nach den Grundsätzen des Ertragswertverfahrens (§§ 15 – 20) zu ermitteln.“

4.2.2 Die Höhe des Liegenschaftszinssatzes wird wesentlich beeinflußt durch das jeweilige objektbezogene Risiko bei der Ertragserwirtschaftung. Ein niedriges Risiko (gleichzusetzen mit sicheren Erträgen) bedeutet eine niedrige Verzinsung, ein hohes Risiko (bei Gefahr unsicherer Erträge) bedeutet eine hohe Verzinsung.

4.2.3 Als wesentliche Einflußfaktoren auf den Liegenschaftszins gelten beispielsweise:

- Nutzungsart : Wohnen, Gewerbe, industrielle Nutzung
- Lage : Mikro- und Makrolage, Umfeldsituation
- Miethöhe : Ortsüblichkeit, Nachhaltigkeit, Erhöhungspotential
- Gebäudeattraktivität : Erscheinungsbild, Konzeption, Wirtschaftlichkeit
- Marktsituation : Angebot u. Nachfrage, Entwicklungsperspektiven
- Wirtschaftslage/Stabilität : Ist-Situation, Prognoseerwartung, allgem. Stimmung
- Zinsniveau : Die Höhe der Kapitalzinsen wirken sich in Deutschland eher gering auf die Verzinsung von Liegenschaften aus (nicht so in einigen EU-Staaten).

4.3 Ableitung des Kapitalisierungszinses für die Beleihungswertermittlung

4.3.1 Gemäß § 13 Hypothekenbankgesetz müssen Hypothekenbanken Wertermittlungsanweisungen erlassen, die vom Bundesaufsichtsamt für das Kreditwesen genehmigt werden. Diese Wertermittlungsanweisungen enthalten u.a. Angaben für die Bestimmung von Kapitalisierungszinssätzen.

4.3.2 Die Kapitalisierungszinssätze für Beleihungswertermittlungen stützen sich im Gegensatz zur Verkehrswertermittlung nicht auf das aktuelle kurzfristige Marktgeschehen, sie müssen aus der langfristigen Marktentwicklung abgeleitet werden.

4.3.3 Bisher werden in Deutschland üblicherweise Kapitalisierungszinssätze bei der Ertragswertberechnung für den Beleihungswert bei wohnwirtschaftlicher Nutzung nicht unter 5 % und gewerblicher Nutzung nicht unter 6 % in Ansatz gebracht. Diese Ansätze sollen weiterhin als Grundlage dienen, da sie sich in der Regel in Deutschland als nachhaltig und damit für Ertragsobjekte als wertbeständig erwiesen haben.

4.3.4 Eine jeweils individuelle Festsetzung des Kapitalisierungszinssatzes muß anhand der regionalen Marktgegebenheiten unter Würdigung der Objekt-, Lage- und Nachfragekriterien, Drittverwendungsfähigkeit – siehe vorstehende Ausführungen, speziell Ziffern 4.2.2 und 4.2.3, die auch für den Kapitalisierungszins gelten – getroffen werden.

Je höher das Ertrags- und Verkaufsrisiko der Immobilie einzustufen ist, um so höher muß der Kapitalisierungszins gewählt werden. Als wesentliche Bestimmungsgröße gilt hierbei das langfristige Marktverhalten.

Regelbandbreiten für Kapitalisierungszinssätze, abgeleitet aus der langfristigen Marktbetrachtung, sind:

1) Bei wohnwirtschaftlicher Nutzung:

   - Wohnhäuser
     5,0 – 6,0 %

2) Bei gewerblicher Nutzung:

   - Geschäftshäuser
     6,0 – 7,0 %
   - Bürohäuser
     6,0 – 7,0 %
   - Warenhäuser
     6,5 – 7,0 %
   - SB- und Fachmärkte
     6,5 – 7,5 %
   - Verbrauchermärkte, Einkaufszentren
     6,5 – 7,5 %
   - Hotels und Gaststätten
     6,5 – 7,5 %
   - Freizeitimmobilien (z. B. Tennishalle)
     6,5 – 8,5 %
   - Kliniken, Reha-Einrichtungen
     6,5 – 8,5 %
   - Alten- und Pflegeheime
     6,5 – 8,5 %
   - Parkhäuser, Tankstellen
     6,5 – 8,5 %
   - Lagerhallen
     6,5 – 8,5 %
   - Produktionsgebäude
     6,5 – 8,5 %.

4.3.5 Die vorstehenden Regelbandbreiten können für sehr gute gewerblich genutzte Objekte um 0,5%-Punkte unterschritten werden, wenn es sich um erstklassige Immobilien in guter, der jeweiligen Objektart entsprechender, Lage handelt. Eine Unterschreitung der Bandbreiten erfordert vom Sachverständigen eine nachvollziehbare Begründung.

Bei Unterschreitung des Mindestkapitalisierungszinssatzes von 6 % bei gewerblicher Nutzung um 0,5 %-Punkte müssen die nachfolgenden Kriterien eingehalten werden.

Kriterien für diese Einschätzung sind:

1. gegenwärtige Nutzungsart: nur Handel, Geschäftshäuser, Bürohäuser
2. bevorzugter Standort
3. gute Lage im Verdichtungsraum (Makrolage)
4. gute Infrastruktur (Mikrolage)
5. gute Konzeption, Ausstattung und Bauweise
6. besonders hohe Marktgängigkeit (Objektgröße)
7. 1a-Objektzustand
8. mögliche Arten anderweitiger Nutzung

Tabelle 1

Abhängigkeit der Bewirtschaftungskosten für ein Gewerbeobjekt von der Höhe der Mietzahlung

Beispiel: Büroimmobilie mit 1.000 m^2 Nutzfläche und 5 Mieteinheiten, angenommen wird eine gleiche Gebäudequalität bei unterschiedlicher Lage und Miethöhe, die Mieten entsprechen marktüblichen Nettokaltmieten ohne den Anteil der auf die Mieter üblicherweise umlagefähigen Betriebskosten

Nettokaltmiete monatlich DM/m^2 jährlich DM/m^2	**10,–** 120.000	**12,50** 150.000	**15,–** 180.000	**20,–** 240.000	**25,–** 300.000	**30,–** 360.000	**40,–** 480.000	**45,–** 540.000
• **Mietausfallwagnis** in DM / p.a. (hier: 2 %) in %	2.400 **2,0**	3.000 **2,0**	3.600 **2,0**	4.800 **2,0**	6.000 **2,0**	7.200 **2,0**	9.600 **2,0**	10.800 **2,0**
• **Betriebskosten** in DM / p.a. (hier: DM 5,–/m^2) in %	5.000 **4,2**	5.000 **3,3**	5.000 **2,8**	5.000 **2,1**	5.000 **1,7**	5.000 **1,3**	5.000 **1,0**	5.000 **0,9**
• **Verwaltungskosten** in DM / p.a. (hier: DM 1.200,–/Mieteinheit) in %	6.000 **5,0**	6.000 **4,0**	6.000 **3,3**	6.000 **2,5**	6.000 **2,0**	6.000 **1,7**	6.000 **1,3**	6.000 **1,1**
• **Instandhaltungskosten** in DM / p.a. (hier: DM 20,–/m^2/NFL) in %	20.000 **16,7**	20.000 **13,3**	20.000 **11,1**	20.000 **8,3**	20.000 **6,7**	20.000 **5,6**	20.000 **4,2**	20.000 **3,7**
Bewirtschaftungskosten gesamt (Vermieteranteil) in DM / p.a. in % zur Nettokaltmiete	33.400 **27,8**	34.000 **22,6**	34.600 **19,2**	35.800 **14,9**	37.000 **12,4**	38.200 **10,6**	40.600 **8,5**	41.800 **7,7**

Hinweis: Die Bewirtschaftungskosten entsprechen bei gleicher Objektart und -qualität hinsichtlich der Anteile nicht umlagefähiger Betriebskosten sowie der Verwaltungs- und Instandhaltungskosten einer konstanten Größe, lediglich der Aufwand für Mietausfallwagnis ist variabel entsprechend der Miethöhe.

Tabelle 1 (nachrichtlich in Euro)

Abhängigkeit der Bewirtschaftungskosten für ein Gewerbeobjekt von der Höhe der Mietzahlung

Beispiel: Büroimmobilie mit 1.000 m² Nutzfläche und 5 Mieteinheiten, angenommen wird eine gleiche Gebäudequalität bei unterschiedlicher Lage und Miethöhe, die Mieten entsprechen marktüblichen Nettokaltmieten ohne den Anteil der auf die Mieter üblicherweise umlagefähigen Betriebskosten

Nettokaltmiete								
monatlich €/m²	**5,11**	**6,39**	**7,67**	**10,23**	**12,78**	**15,34**	**20,45**	**23,01**
jährlich €/m²	61.355	76.694	92.033	122.710	153.388	184.065	245.420	276.098
• **Mietausfallwagnis**								
in € / p.a. (hier: 2 %)	1.227	1.534	1.841	2.454	3.068	3.681	4.908	5.522
in %	**2,0**	**2,0**	**2,0**	**2,0**	**2,0**	**2,0**	**2,0**	**2,0**
• **Betriebskosten**								
in € / p.a. (hier: € ~2,56/m²)	2.556	2.556	2.556	2.556	2.556	2.556	2.556	2.556
in %	**4,2**	**3,3**	**2,8**	**2,1**	**1,7**	**1,3**	**1,0**	**0,9**
• **Verwaltungskosten**								
in € / p.a. (hier: € ~614/Mieteinheit)	3.068	3.068	3.068	3.068	3.068	3.068	3.068	3.068
in %	**5,0**	**4,0**	**3,3**	**2,5**	**2,0**	**1,7**	**1,3**	**1,1**
• **Instandhaltungskosten**								
in € / p.a. (hier: € ~10,23/m²/NFL)	10.226	10.226	10.226	10.226	10.226	10.226	10.226	10.226
in %	**16,7**	**13,3**	**11,1**	**8,3**	**6,7**	**5,6**	**4,2**	**3,7**
Bewirtschaftungskosten gesamt (Vermieteranteil)								
in € / p.a.	17.077	17.384	17.691	18.304	18.918	19.531	20.758	21.372
in % zur Nettokaltmiete	**27,8**	**22,6**	**19,2**	**14,9**	**12,4**	**10,6**	**8,5**	**7,7**

Hinweis: Die Bewirtschaftungskosten entsprechen bei gleicher Objektart und -qualität hinsichtlich der Anteile nicht umlagefähiger Betriebskosten sowie der Verwaltungs- und Instandhaltungskosten einer konstanten Größe, lediglich der Aufwand für Mietausfallwagnis ist variabel entsprechend der Miethöhe.

Tabelle 2

Abhängigkeit der Bewirtschaftungskosten für ein Wohnobjekt von der Höhe der Mietzahlung

Beispiel: Wohnimmobilie mit 1.000 m² Nutzfläche und 15 Mieteinheiten, angenommen wird eine gleiche Gebäudequalität bei unterschiedlicher Lage und Miethöhe, die Mieten entsprechen marktüblichen Nettokaltmieten ohne den Anteil der auf die Mieter üblicherweise umlagefähigen Betriebskosten

Nettokaltmiete								
monatlich DM/m²	**7,50**	**10,–**	**12,50**	**15,–**	**17,50**	**20,–**	**22,50**	**25,–**
jährlich DM/m²	90.000	120.000	150.000	180.000	210.000	240.000	270.000	300.000
• **Mietausfallwagnis**								
in DM / p.a. (hier: 2 %)	1.800	2.400	3.000	3.600	4.200	4.800	5.400	6.000
in %	**2,0**	**2,0**	**2,0**	**2,0**	**2,0**	**2,0**	**2,0**	**2,0**
• **Betriebskosten**								
in DM / p.a. (hier: DM 6,–/m²)	6.000	6.000	6.000	6.000	6.000	6.000	6.000	6.000
in %	**6,7**	**5,0**	**4,0**	**3,3**	**2,9**	**2,5**	**2,2**	**2,0**
• **Verwaltungskosten**								
in DM / p.a. (hier: DM 420,–/Mieteinheit)	6.300	6.300	6.300	6.300	6.300	6.300	6.300	6.300
in %	**7,0**	**5,3**	**4,2**	**3,5**	**3,0**	**2,6**	**2,4**	**2,1**
• **Instandhaltungskosten**								
in DM / p.a. (hier: DM 13,–/m²/NFL)	13.000	13.000	13.000	13.000	13.000	13.000	13.000	13.000
in %	**14,4**	**10,8**	**8,7**	**7,2**	**6,2**	**5,4**	**4,8**	**4,3**
Bewirtschaftungskosten gesamt (Vermieteranteil)								
in DM / p.a.	27.100	27.700	28.300	28.900	29.500	30.100	30.700	31.300
in % zur Nettokaltmiete	**30,1**	**23,1**	**18,9**	**16,0**	**14,1**	**12,5**	**11,4**	**10,4**

Hinweis: Die Bewirtschaftungskosten entsprechen bei gleicher Objektart und -qualität hinsichtlich der Anteile nicht umlagefähiger Betriebskosten sowie der Verwaltungs- und Instandhaltungskosten einer konstanten Größe, lediglich der Aufwand für Mietausfallwagnis ist variabel entsprechend der Miethöhe.

Tabelle 2 (nachrichtlich in Euro)

Abhängigkeit der Bewirtschaftungskosten für ein Wohnobjekt von der Höhe der Mietzahlung

Beispiel: Wohnimmobilie mit 1.000 m² Nutzfläche und 15 Mieteinheiten, angenommen wird eine gleiche Gebäudequalität bei unterschiedlicher Lage und Miethöhe, die Mieten entsprechen marktüblichen Nettokaltmieten ohne den Anteil der auf die Mieter üblicherweise umlagefähigen Betriebskosten

Nettokaltmiete								
monatlich €/m²	**3,83**	**5,11**	**6,39**	**7,67**	**8,95**	**10,23**	**11,50**	**12,78**
jährlich €/m²	46.016	61.355	76.694	92.033	107.371	122.710	138.049	153.388
• **Mietausfallwagnis**								
in € / p.a. (hier: 2 %)	920	1.227	1.534	1.841	2.147	2.454	2.761	3.068
in %	**2,0**	**2,0**	**2,0**	**2,0**	**2,0**	**2,0**	**2,0**	**2,0**
• **Betriebskosten**								
in € / p.a. (hier: € ~3,07/m²)	3.068	3.068	3.068	3.068	3.068	3.068	3.068	3.068
in %	**6,7**	**5,0**	**4,0**	**3,3**	**2,9**	**2,5**	**2,2**	**2,0**
• **Verwaltungskosten**								
in € / p.a. (hier: €~ 215,–/Mieteinheit)	3.221	3.221	3.221	3.221	3.221	3.221	3.221	3.221
in %	**7,0**	**5,3**	**4,2**	**3,5**	**3,0**	**2,6**	**2,4**	**2,1**
• **Instandhaltungskosten**								
in € / p.a. (hier: € ~6,65/m²/NFL)	6.647	6.647	6.647	6.647	6.647	6.647	6.647	6.647
in %	**14,4**	**10,8**	**8,7**	**7,2**	**6,2**	**5,4**	**4,8**	**4,3**
Bewirtschaftungskosten gesamt (Vermieteranteil)								
in € / p.a.	13.856	14.163	14.470	14.777	15.083	15.390	15.697	16.004
in % zur Nettokaltmiete	**30,1**	**23,1**	**18,9**	**16,0**	**14,1**	**12,5**	**11,4**	**10,4**

Hinweis: Die Bewirtschaftungskosten entsprechen bei gleicher Objektart und -qualität hinsichtlich der Anteile nicht umlagefähiger Betriebskosten sowie der Verwaltungs- und Instandhaltungskosten einer konstanten Größe, lediglich der Aufwand für Mietausfallwagnis ist variabel entsprechend der Miethöhe.

Ermittlung des Beleihungswertes auf der Grundlage ausländischer Bewertungen

1 Hypothekarkredite für außerhalb Deutschlands gelegene Immobilien

Das den Hypothekenbanken seit 1991 gestattete Immobilienkreditgeschäft in anderen Mitgliedstaaten der EU verzeichnet in den letzten Jahren hohe Zuwachsraten und entwickelt sich zu einem wichtigen Geschäftszweig. Auch für die Auslandsbeleihungen gelten uneingeschränkt die Vorschriften des HBG über hypothekarische Beleihungen, insbesondere auch die des § 12 HBG über den Beleihungswert. Es besteht Erläuterungsbedarf, nach welchen Grundsätzen Beleihungswerte unter Heranziehung landesspezifischer Bewertungen ermittelt werden können.

2 Europäischer Beleihungswert

Eine Studie des Europäischen Hypothekenverbandes aus 1998 beschreibt die Systeme der Immobilienbewertung in Europa, charakterisiert Gemeinsamkeiten in ihren Grundlagen und die Unterschiede in den Einzelheiten der Bewertung, die in der vielgestaltigen Ausprägung der Immobilienmärkte begründet sind.

Erstmals ist auch der Begriff des Beleihungswertes in eine derartige vergleichende Studie eingegangen. Die Untersuchung des Hypothekenverbandes formuliert als Ergebnis des Vergleichs die Philosophie eines europäischen Beleihungswertes, die mit den tragenden Grundsätzen des deutschen Beleihungswertes übereinstimmt.

Der europäische Gesetzgeber hat den Beleihungswert durch Aufnahme in die Solvabilitätsrichtlinie für Banken als aufsichtsrechtliche Steuerungsgröße anerkannt.

Ein Auszug aus der Studie des Europäischen Hypothekenverbandes enthält folgende Formulierung:

Philosophie für einen Europäischen Beleihungswert für die Hypothekarkreditvergabe (European Mortgage Lending Value, EMLV)

Hinter einem EMLV steht der Gedanke, daß ein solcher Wert im langfristigen Interesse des Darlehensnehmers, des Kreditinstituts und der Aufsichtsbehörden liegen sollte.

Die Darlehensgeber sind auf die Bewertung angewiesen, wenn sie die Eignung einer Immobilie für die besicherte und langfristige Hypothekarkreditvergabe ermitteln. Die Bewertung ist auch ein entscheidender Faktor bei der Festsetzung des Betrages eines vom Darlehensgeber ausgereichten Darlehens.

Der EMLV sollte verschiedene Methoden zur Berechnung des Beleihungswertes vorsehen und auf individueller Basis die Marktbedingungen der betreffenden Mitgliedstaaten berücksichtigen.

Auf dieser Grundlage durchgeführte Bewertungen sind erforderlich, damit der Hypothekarkreditgeber in der Lage ist, vorsichtige Kreditgewährungsentscheidungen zu treffen, wenn er Kredite durch Grundstückshypotheken sichert.

Grundsätze:

Der EMLV sollte

1. *eine vorsichtige Bewertung der künftigen Marktfähigkeit der Immobilie einschließen;*

2. *versuchen, spekulative Elemente zu ermitteln und zu eliminieren (zum Beispiel: Risiken, die sich aus der Volatilität der Immobilie ergeben);*
3. *die normale und lokale Marktlage widerspiegeln; Grundlage für die Bewertung ist die gegenwärtige Marktsituation;*
4. *hauptsächlich auf langfristigen (nachhaltigen) Aspekten basieren (zum Beispiel: Qualität der Lage und des Gebäudes, seine Art und Größe, Bebauungsplanung/Flächenaufteilungsstand (zoning status), baulicher Zustand, nachhaltiger Mietertragswert);*
5. *die derzeitige Verwendung und nach Möglichkeit geeignete alternative Verwendungen berücksichtigen;*
6. *auf transparenten und deutlich erklärten Bewertungsmethoden beruhen;*
7. *von Gutachtern mit angemessener Sachkenntnis ermittelt werden.*

Hinweis: Siehe auch Teil I, Seite 18, Ziffer 2.26.

3 Beleihungswert nach dem deutschen HBG

Der Beleihungswert in § 12 HBG wird als eigenständiger Begriff eines Immobilienwertes zur Beurteilung kreditwirtschaftlicher Risiken verstanden. Er unterscheidet sich vom Verkehrswert und anderen europäischen Marktwertbegriffen. Ein wichtiges Unterscheidungskriterium ist der langfristige Prognosecharakter des Beleihungswertes im Gegensatz zur Stichtagsbezogenheit der Marktwertbegriffe. Aus der Verschiedenheit des Bewertungszwecks leitet die Aufsichtspraxis in Deutschland seit jeher eine spezielle Bewertungsmethodik für den Beleihungswert ab. Zielsetzung ist dabei, die Qualität der Deckungsmasse für die Pfandbriefe jederzeit sicherzustellen.

4 Verwendung landesspezifischer Bewertungen

Unumstritten gilt auch für den Beleihungswert ausländischer Immobilien das Gebot von § 12 HBG, nur dauernde Eigenschaften und nachhaltig gesicherte Erträge der Immobilien zu berücksichtigen. Die Hypothekenbanken haben für alle landesspezifischen Wertgutachten sicherzustellen, daß sie die wesentlichen Informationen zur Ermittlung des Beleihungswertes in der Bewertung oder ergänzend dazu bereitstellen, und daß die Bewertungen in ihren Berechnungsgrundlagen hinreichend transparent sind.

Aufgabe der Hypothekenbank ist es festzustellen, ob die Wertansätze der landesspezifischen Bewertungen den materiellen Anforderungen von § 12 HBG genügen.

5 Methodischer Ansatz für die Ermittlung des Beleihungswertes auf der Grundlage landesspezifischer Bewertungen

Grundlage der Ermittlung des Beleihungswertes auf der Basis landesspezifischer Bewertungen ist das Grundsatzpapier zum Beleihungswert vom 14.10.1996 und das Papier „Wesentliche Aspekte der Beleihungswertermittlung“ mit seinen Kernelementen

- Mietausgangsgrößen
- Bewirtschaftungskosten
- Kapitalisierungszinssatz

Ausgangspunkt für die landesspezifische Betrachtung dieser 3 Parameter sind – wie in Deutschland – die Marktusancen des jeweiligen Landes und die jeweilige nationale Methodik, insbesondere marktübliche Mietvertragsstandards und die aus dem Markt ermittelten Kapitalisierungszinsen. Die in landesspezifischen Bewertungen ermittelten Ansätze sind daraufhin zu überprüfen, ob sie den Anforderungen der Nachhaltigkeit und vorsichtigen Bewertung gemäß § 12 HBG gerecht werden.

Die von Land zu Land unterschiedlichen wertbestimmenden Faktoren, wie z. B. Bewirtschaftungskosten, sind bei der Ermittlung des Beleihungswertes auf der Grundlage landesspezifischer Gepflogenheiten individuell zu berücksichtigen, d.h. sie können grundsätzlich nicht automatisch von einem Land auf das andere übertragen werden.

Je nach Ausgestaltung der landesspezifischen Bewertungsmethodik bei Marktwertermittlungen kann es für die Beleihungswertermittlung erforderlich sein, die Mindestansätze für Bewirtschaftungskosten und Kapitalisierungszinsen anzupassen. Dabei muß aber der methodische Zusammenhang des jeweiligen landesspezifischen Bewertungssystems gewahrt bleiben. Wertbestimmende Faktoren dürfen nicht doppelt berücksichtigt werden, z. B. das Mietausfallrisiko, das in einigen Ländern bei den Bewirtschaftungskosten, in anderen Ländern beim Kapitalisierungszins angesetzt wird.

Die methodischen Anforderungen/Standards an den Beleihungswert müssen bei Auslandsimmobilien analog dem inländischen Verfahren gewahrt sein. Dies erfordert insbesondere

- die Einhaltung des dualen Bewertungsprinzips (Sach- und Ertragswertermittlung)
- den Ansatz nachhaltiger Mieten
- die Höhe des Sicherheitsabschlages im Sachwertverfahren
- Mindestkapitalisierungszinssätze (Wohnen /Gewerbe)
- nutzungsspezifische Regelbandbreiten der Kapitalisierungszinssätze
- die angemessene Berücksichtigung von Bewirtschaftungskosten

Die Ansätze, speziell für Mieten, Bewirtschaftungskosten und Kapitalisierungszinssätze, sind nachvollziehbar zu dokumentieren.

A. Grundsätzlich gilt, daß auch innerhalb eines landestypischen Bewertungsverfahrens alle Teilaspekte, insbesondere die Ansätze für Mieten, Bewirtschaftungskosten und Kapitalisierungszinssätze einzeln zu bewerten sind, um die inhaltlichen Anforderungen und Sicherheitsstandards des Beleihungswertes einzuhalten. Als Basis dienen nachvollziehbare Ansätze auf der Grundlage zuverlässiger Marktdaten.

a. Bei der Beleihungswertermittlung soll grundsätzlich ein Bewirtschaftungskostenabzug (gegebenenfalls entgegen dem landesspezifischen Marktwertverfahren) analog dem deutschen Verfahren gewählt werden. Für die Ermittlung des Reinertrages sind somit Bewirtschaftungskosten (wie Mietausfallwagnis, Eigentümerverwaltung und Instandhaltungsrisiko) von mindestens 15% bzw. deren tatsächliche/angemessene Höhe (zuzüglich Abschreibung) von der Miete in Abzug zu bringen.
In einem solchen Fall gelten die für den deutschen Markt abgestimmten Kapitalisierungszinssätze bzw. deren nutzungsspezifischen Bandbreiten als Untergrenze (gemäß der Ausarbeitung „Wesentliche Aspekte der Beleihungswertermittlung“; vergl. auch Seite 120ff.).

b. In Ländern, in denen die Bewirtschaftungskosten nur teilweise oder gar nicht gesondert ausgewiesen werden, sondern eine entsprechende Berücksichtigung im Kapitalisierungszinssatz finden, ist es auch zulässig, daß eine entsprechend dokumentierte Spezifizierung der bereits berücksichtigten bzw. zusätzlich zu berücksichtigenden Risiken, insbesondere eine detaillierte Bewirtschaftungskostenzuordnung und die Abschreibung transparent und damit nachvollziehbar dargestellt wird. Dies hat zur Folge, daß der Mindestkapitalisierungszinssatz bzw. die nutzungsspezifischen Bandbreiten entsprechend erhöht anzusetzen sind.
Für die Beleihungswertermittlung ist deshalb zu dokumentieren, daß der verwendete Mindestkapitalisierungszinssatz sowie die vorgenommene, systembedingte Erhöhung den Anforderungen des Beleihungswertes genügen. In diesem Fall kann der Beleihungswert ohne zusätzlichen, formalen Bewirtschaftungskostenabzug nach landestypischem Bewertungsverfahren entsprechend seinen Vorgaben ermittelt werden.
Diese analog dem Sicherheitsstandard für inländische Immobilien abgeleitete Verfahrensweise ermöglicht es den deutschen Hypothekenbanken, auch bei ausländischen Risiken ähnliche Qualitäts-/Sicherheitsstandards wie im Inland anzuwenden. Neben dem Sicherheitsbedürfnis nach den Anforderungen des HBG bietet diese Verfahrensweise ein hohes Maß an Transparenz und Nachvollziehbarkeit.

B. Falls – wie speziell in Großbritannien – die landesspezifischen Bewertungszuordnungen besonders zu den Bewirtschaftungskosten im Kapitalisierungszinssatz (ARY) nicht aufgezeigt werden, kann für eine Übergangszeit akzeptiert werden, daß der Beleihungswert wie folgt ermittelt wird:

Die überprüften Mieten werden ohne Abzug von Bewirtschaftungskosten (da landesspezifisch) kapitalisiert. Allerdings ist bei dieser Verfahrensweise darauf zu achten, daß dann die Mindestkapitalisierungszinssätze und nutzungsspezifischen Bandbreiten um mindestens 15% erhöht angesetzt werden müssen (zuzüglich AfA). Die kalkulatorische Bewirtschaftungskostenzuordnung von 15% bewirkt beispielsweise bei einem Kapitalisierungszinssatz (Mindestzinssatz bzw. nutzungsspezifische Bandbreite) von 6% eine Erhöhung auf 7%, bei einem Kapitalisierungszinssatz von 7% eine Erhöhung auf 8,2% und bei einem Zinssatz von 8% eine Erhöhung auf 9,4%. Diese kalkulatorische Zuordnung dient der Abstraktion für die Vergleichbarmachung der Mindestkapitalisierungszinssätze und deren nutzungsspezifischen Bandbreiten. Gleichzeitig darf bei dieser Verfahrensweise der im Marktwertgutachten berücksichtigte Kapitalisierungszins auch beim Beleihungswert nicht unterschritten werden (vgl. zum Kapitalisierungszinssatz auch Ziff. 6).
Alle Verfahren ermöglichen eine Plausibilitätsprüfung zur Ermittlung des Beleihungswertes auf der Grundlage von Wertermittlungen, die nach landestypischen Verfahren erstellt wurden. Während die Verfahren zu Lit. A.a. und A.b. die Einzelrisikoansätze transparent abbilden, sollte aber auch das Verfahren zu Lit. B. zu den gleichen Ergebnissen führen.

6 Handhabung zur Ermittlung von Beleihungswerten auf der Grundlage ausländischer Bewertungen

Bei der Ableitung des Beleihungswertes gemäß § 12 HBG auf der Grundlage ausländischer Bewertungen ist das Prinzip der Funktionstrennung einzuhalten. Ausschlaggebend für die Qualität der ermittelten Beleihungswerte sind

- die Qualität der Marktwertermittlung
- die Qualifikation derjenigen, die sie erstellt haben und
- die Qualifikation derjenigen, die den Beleihungswert ermitteln.

Für Beleihungswertermittlungen auf der Grundlage von landesspezifischen Bewertungen ist – analog den allgemein auch im Inland gültigen Anforderungen, wie sie in dem Methodikpapier dokumentiert sind – insbesondere Augenmerk zu legen auf:

- **Einhaltung des dualen Bewertungsprinzips (Sach- und Ertragswert)**
  Die duale Bewertungsmethodik (Ermittlung des Ertrags- und Sachwertes) ist, grundsätzlich auch bei der Ermittlung des Beleihungswertes von ausländischen Immobilien einzuhalten.
  Wenn landesspezifische Bewertungssysteme den Sachwert nicht kennen, muß die Hypothekenbank einen dem deutschen Sachwert möglichst nahekommenden Hilfswert zu Kontrollzwecken selbst errechnen. Der Marktwertgutachter kann i.d.R. die erforderlichen Angaben dazu liefern: Grundstücksvergleichspreise, Baukosten, Abschreibungssätze, Versicherungswert sowie Gebäudekennzahlen (Grundflächen oder Volumen).

- **Wahl eines nachhaltigen Mietansatzes**
  Nur die als nachhaltig erwiesenen Mieten bilden die Grundlage für die Ermittlung des Beleihungswertes. Dieser nachhaltige Mietansatz darf Staffelmieten, eventuelle Mehrmieten und Mieten oberhalb der Marktmieten nicht in Ansatz bringen.

- **Ausreichender Bewirtschaftungskostenansatz**
  Hier sind die lokalen Erfahrungswerte unter Abgleich der Mietvertragsvereinbarung zu beachten. Der Bewirtschaftungskostenansatz muß transparent dargestellt sein und die richtige Relation zum Mietansatz haben (z.B. Nettomietertrag im Verhältnis zu Nettobewirtschaftungskosten bzw. Bruttoertrag zu Bruttokosten).
  Grundsätzlich ist auch bei Auslandsimmobilien für alle Kosten und Risiken, die in Deutschland im Rahmen der Bewirtschaftungskosten in der Bewertung Berücksichtigung finden, ein Mindestansatz von 15% zu berücksichtigen. Zuzüglich sind angemessene Ansätze für die Abschreibung

vorzunehmen. Auch im Ausland gilt, daß tatsächlich darüber hinausgehende Kosten in Ansatz gebracht werden müssen (gem. Methodikpapier).
Zur Behandlung der Bewirtschaftungskosten im Fall Großbritanniens wird auf Punkt 5. verwiesen.

- **Einhaltung von Mindestkapitalisierungszinssätzen**
  Der Kapitalisierungszins für den Beleihungswert ist aufgrund der nutzungsspezifischen, baulichen und lagebedingten Eigenschaften aus dem nachhaltigen (langfristigen) Marktgeschehen des lokalen Marktes abzuleiten. Diese Betrachtung sollte möglichst mehr als die letzten vergangenen 10 Jahre umfassen. Die Gutachten sollten qualifizierte und nachvollziehbare Erwägungen zur Wahl des Kapitalisierungszinssatzes enthalten und erkennen lassen, auf welcher statistischen Grundlage der nachhaltige Zinssatz ermittelt worden ist. Die bloße Bildung eines Durchschnittszinssatzes reicht dabei nicht aus. Die Mindestkapitalisierungssätze des Methodikpapiers, die auch im Ausland nicht unterschritten werden dürfen, sind deshalb nur anwendbar, wenn sie auch dem langfristigen Marktgeschehen des einzelnen Marktes entsprechen.

  Als Mindestansatz gelten für Wohnimmobilien 5% und für gewerblich genutzte Objekte 6%. Dies bedingt die Berücksichtigung von Kosten und Risiken als Bewirtschaftungskosten in tatsächlicher / angemessener Höhe, mindestens jedoch 15% zuzüglich AfA (wie in Deutschland). Der Mindestansatz ist nur für gute Objekte in guten Lagen anzusetzen. Die Unterschreitung der Mindestkapitalisierungszinssätze / Regelbandbreiten um 0,5%-Punkte kann für sehr gute gewerblich genutzte Objekte analog der Kriterien des Methodikpapiers erfolgen.

  Wird bei der landestypischen Beleihungswertermittlung kein formaler Bewirtschaftungskostenabzug in Ansatz gebracht, so sind die Kapitalisierungszinssätze entsprechend zu erhöhen (siehe hierzu die Ausführungen unter Punkt 5).

- **Abschreibung**
  Für die Beleihungswertermittlung ist es erforderlich, auf die wirtschaftliche Gebäudeabschreibung zum Ausgleich der Wertminderung in Folge fortschreitenden Alters und Abnutzung einzugehen. Dies erfolgt in Deutschland i.d.R. als finanzmathematische Betrachtung durch die Ermittlung des Barwertes aus dem Reinertrag über die wirtschaftliche Restnutzungsdauer des Bewertungsobjektes. Analog kann die Abschreibung bei ausländischen Immobilien Anwendung finden.

  Überwiegend werden demgegenüber im Ausland Immobilien „auf ewig“ kapitalisiert. Dies soll auch bei der Beleihungswertermittlung anhand ausländischer Marktwertgutachten zulässig sein, wenn die wirtschaftliche Abschreibung über den erhöhten Kapitalisierungszins oder mittels entsprechend erhöhter Bewirtschaftungskosten ausreichend gewürdigt wird. Dies ist bei der Beleihungswertermittlung zu dokumentieren.

- **Erwerbsnebenkosten**
  Die bei einer Immobilientransaktion üblicherweise anfallenden Erwerbsnebenkosten – insbesondere Steuern, Notar- und Anwaltsgebühren, Maklerprovision – sind von Land zu Land stark unterschiedlich. In einer Reihe von Ländern ist es üblich, daß diese Kosten bei der Marktwertfeststellung in Abzug gebracht werden. Entsprechend ist bei der Beleihungswertermittlung ausländischer Immobilien zu verfahren.

- **Marktfähigkeit**
  Das Marktwertgutachten muß Ausführungen zur Verkäuflichkeit und zur Vermietbarkeit des Objektes enthalten.
  Bei der Beleihungswertermittlung sind diese Feststellungen angemessen zu berücksichtigen.

(Endfassung, am 29. März 2001 an das BAKred verschickt.)

Das nachfolgende Beispiel für die Bewertung eines Bürohauses in Großbritannien läßt das unterschiedliche Vorgehen (Bewirtschaftungskostenabzug, Kapitalisierung etc.) bei der Umrechnung eines englischen Gutachtens auf die Anforderungen nach § 12 HBG gut erkennen.

Cost Method

Reinstatement Cost Value

Baukosten für die Wiederherstellung eines gleichwertigen Ersatzgebäudes (einschließlich Baunebenkosten)

Gross Floor Area (Bruttogrundfläche)

26.372 sq.ft × 110,00 £ psf. =	2.900.920,– £
Wiederherstellungswert:	rd. 2.900.000,– £

Bare (Cleared) Site Value

Vergleichswerte standen nicht zur Verfügung, der Wert des baureifen Grundstückes wurde anhand eines Residualwertverfahrens ermittelt. Der Bodenwert beträgt in diesem Fall rund 20 % des OMV

Bodenwert:	950.000,– £
Summe	rd. **3.850.000,– £**

Sachwertverfahren (rein informativ)

Bauwert

Baukostenansatz (Angaben des englischen Gutachters werden übernommen):
Der Ansatz von 110,00 £ psf. (= 3.240.– DM/m²) erscheint plausibel.

26.372 sq.ft. x 110,00 £ psf. =	2.900.920,– £
Baunebenkosten inkl. Neubauwert	2.900.920,– £
Alterswertminderung nach Ross: 1,9 %	./. 55.117,– £
Zeitwert des Bauwerks	2.845.803,– £
Außenanlagen: + 3 %	85.374,– £
Wert der baulichen Anlagen	2.931.177,– £
Bankabschlag: 15 %	./. 439.677,– £
Bauwert für Beleihungswert	2.491.500,– £
Bodenwert:	950.000,– £

gemäß Angabe der lokalen Gutachter.
Der Bodenwert entspricht rd. 20 % des OMV bzw. rd. 28 % des Sachwerts.
Dies erscheint angemessen.

Sachwert für Beleihungswert	rd. **3.440.000,– £**

Investment Method:

Eingehende Miete:				
19.779 sq ft.	×	18,50 £ psf	=	rd. 365.910,– £
equivalent yield:		7,00 %		
Vervielfältiger:		14,29 auf ewig		
£ 365.910,– £	×	14,29	=	5.228.854,– £
Mietwert:				5.228.854,– £
abzüglich Erwerbs NK:		5,75 %		./. 300.659,– £
Open Market Value:				rd. **4.930.000,– £**

Ertragswertverfahren A.a.a.:
(Kapitalisierung „auf ewig")

Jahresrohertrag auf Basis der eingehenden Miete:

19.779 sq.ft.	x	18,50 £ psf	=	£ 365.910,– £
abzüglich Bewirtschaftungskosten				
Einzelnachweis:				
Verwaltung		1 %		
Mietausfallwagnis		3 %		
Instandhaltung/Revitalisierung		5 %		
Summe		9 %		
Mindestansatz:		15 %		
AfA-Anteil		2 %		
Summe Bewirtschaftungskosten		17 %		
17 % entsprechen				./. 62.205,– £
Gesamtjahresreinertrag				303.705,– £
Liegenschaftszinssatz:		6,50 %		
Vervielfältiger:		15,38 auf ewig		
303.705,– £	x	15,38	=	4.670.983,– £
vorläufiger Ertragswert:				4.670.983,– £
abzüglich ErwerbsNK:		5,75 %		./. 268.582,– £
Ertragswert für Beleihungswert:				rd. **4.400.000.– £**

Lt. Angabe des englischen Gutachters ist trotz Anstiegs des Flächenangebots die Nachfrage nach modernen Büroflächen gegeben.

Investment Method:

Eingehende Miete:				
19.779 sq ft.	×	18,50 £ psf	=	365.910,– £
equivalent yield:		7,00 %		
Vervielfältiger:		4,29 auf ewig		
£ 365.910,– £	×	14,29	=	5.228.854,– £
Mietwert:				5.228.854,– £
abzüglich Erwerbs NK:		5,75 %		. /.300.659,– £
Open Market Value:				rd. **4.930.000,– £**

Ertragswertverfahren A.a.b.:
(Gespaltene Kapitalisierung)

Jahresrohertrag auf Basis der eingehenden Miete:					
19.779 sq.ft.	×	18,50 £ psf		=	£ 365.910,– £
abzüglich Bewirtschaftungskosten					
Einzelnachweis:					
Verwaltung			1 %		
Mietausfallwagnis			3 %		
Instandhaltung / Revitalisierung			5 %		
Summe			9 %		
Mindestansatz:			15 %		
entspricht					. /. 54.887,– £
Gesamtjahresreinertrag					311.023,– £
abzüglich Bodenwertverzinsung					
950.000,– £			bei 6,50 %	=	61.750.– £
Gebäudeertrag:					249.273,– £
Liegenschaftszinssatz:			6,50 %		
Restnutzungsdauer:			60 Jahre		
Vervielfältiger:		15,03			
249.273,– £	×	15,03		=	3.746.573,– £
zuzüglich Bodenwert					950.000,– £
vorläufiger Ertragswert:					4.696.573,– £
abzüglich ErwerbsNK:			5,75 %		. /. 270.053,– £
Ertragswert für Beleihungswert:					rd. **4.425.000.– £**

Lt. Angabe des englischen Gutachters ist trotz Anstiegs des Flächenangebcts die Nachfrage nach modernen Büroflächen gegeben.

Investment Method:

Eingehende Miete:				
19.779 sq ft.	×	18,50 £ psf	=	rd. 365.910,– £
equivalent yield:		7,00 %		
Vervielfältiger:		14,29 auf ewig		
£ 365.910,– £	×	14,29	=	5.228.854,– £
abzüglich ErwerbsNK:		5,75%		./. 300.659,– £
Open Market Value:				rd. **4.930.000,– £**

Ertragswertverfahren B:
(Vereinfachte Kapitalisierung)

Jahresrohertrag auf Basis der eingehenden Miete:				
19.779 sq.ft.	×	18,50 £ psf	=	365.910,– £
Liegenschaftszinssatz:		8,2 %		
Vervielfältiger:		12,19		
365.910,– £	×	12,19	=	4.460.443,– £
abzüglich ErwerbsNK:		5,75 %		./. 256.475,– £
Ertragswert für Beleihungswert:				rd. **4.200.000.– £**

Lt. Angabe des englischen Gutachters ist trotz Anstiegs des Flächenangebots die Nachfrage nach modernen Büroflächen gegeben.

Schreiben des BAKred zur Kleindarlehensgrenze

BUNDESAUFSICHTSAMT
FÜR DAS
KREDITWESEN

BAKred, Gardeschützenweg 71 - 101, 12203 Berlin

Telefon : (030) 8436 - 0
Telefax : (030) 8436 - 15 50

Verband deutscher
Hypothekenbanken e.V.
Holbeinstr. 17

53175 Bonn

Geschäftsnummer (bitte bei Antwort angeben) Bearbeiterin/Bearbeiter: ☎ (030) 8436 - Berlin, den
III 11.32.00 22. Juni 1999

Ermittlung des Beleihungswertes gemäß § 12 HBG
Kleindarlehensgrenze

Mein Schreiben vom 6. April 1999

Sehr geehrte Damen und Herren,

im Anschluß an das am 1. Juni 1999 in meinem Hause zu diesem Thema geführte Gespräch möchte ich nach nochmaliger Prüfung die Aussagen in meinem vorgenannten Schreiben zur Einhaltung der Funktionstrennung bei Beleihungen im Rahmen der Kleindarlehensgrenze modifizieren. Vor diesem Hintergrund wird mein Schreiben vom 6. April 1999 durch dieses Schreiben ersetzt. Ich bitte Sie, die Ihnen angeschlossenen Mitgliedsinstitute in geeigneter Weise hiervon in Kenntnis zu setzen.

1. Innerhalb der Kleindarlehensgrenze können die Institute darauf verzichten, für die Ermittlung des Beleihungswertes einen Sachverständigen zur Begutachtung des Beleihungsobjektes heranzuziehen. Unbeschadet dessen gelten auch in diesen Fällen die anerkannten Regeln der Beleihungswertermittlung. Das Institut hat, gleichgültig, ob ein Gutachten eingeholt wird oder nicht, durch sachkundige Mitarbeiter eine ordnungsgemäße Wertermittlung vorzunehmen und dies in nachprüfbarer Weise zu dokumentieren.

- 2 -

Bezugsgröße für die Kleindarlehensgrenze ist wie bisher der Darlehensbetrag, allerdings nunmehr unter Einbeziehung aller etwaig schon auf dem Beleihungsobjekt vorrangig lastenden Rechte. Unter diesen Einschränkungen werde ich gegen eine weitere Heraufsetzung der Kleindarlehensgrenze auf DM 600.000,-- keine Bedenken erheben. Ein Verzicht auf eine förmliche Schätzung ist demnach möglich bis zu einem Darlehensbetrag in Höhe der Differenz zwischen DM 600.000,-- und der Summe der Vorlasten.

Der Verzicht auf die Einschaltung eines Sachverständigen ist im allgemeinen nur bei wohnwirtschaftlich genutzten Objekten vertretbar. Ausnahmsweise ist ein Verzicht auch bei gemischt-genutzten Objekten möglich, allerdings nur in Fällen, in denen die gewerbliche im Vergleich zur wohnwirtschaftlichen Nutzung von untergeordneter Bedeutung ist; letzteres kann nur dann angenommen werden, wenn der auf den gewerblichen Teil entfallende Mietertrag ein Drittel der Gesamtnettomiete nicht überschreitet. Sofern die Wertermittlungsanweisungen der Institute eine Erleichterung bei der Bewertung von Sachwertobjekten (Ein- und ggf. Zweifamilienhäuser sowie eigennutzungsfähige Eigentumswohnungen) nicht vorsehen, ist bei der Beleihungswertermittlung innerhalb der Kleindarlehensgrenze gemäß dem Zwei-Säulen-Prinzip neben dem Sachwert auch der Ertragswert zu ermitteln.

2. Zur realkreditmäßigen Bearbeitung gehört auch bei Beleihungen innerhalb der Kleindarlehensgrenze grundsätzlich die Besichtigung des Objektes. Nur durch eine Besichtigung erhält die Bank wesentliche Informationen, die für die Bewertung des Objektes maßgebend sind wie Lage, Ausstattung und Erhaltungszustand. Außerdem kann durch eine Besichtigung die Identität des Sicherungsobjektes mit dem im Darlehensantrag genannten Objekt festgestellt werden.

Die Besichtigung kann durch einen Mitarbeiter der Bank, durch einen Mitarbeiter eines kooperierenden Kreditinstituts sowie durch eine sonstige von dem Institut beauftragte Person vorgenommen werden.

Eine Besichtigung kann jedoch ausnahmsweise unterbleiben, wenn der Bank alle relevanten Informationen für die Bewertung vorliegen und die Erfüllung des Erfordernisses der Besichtigung eine bloße Förmlichkeit wäre. Dies kann angenommen werden, wenn

a) das Objekt dem Institut bzw. der kooperierenden Bank bereits bekannt ist, wobei Bekanntheit nur dann angenommen werden kann, wenn das Objekt in den letzten bei-

- 3 -

- 3 -

den Jahren von einem Mitarbeiter der Bank bzw. des Kooperationspartners besichtigt worden ist,

b) es sich um die Beleihung einer Eigentumswohnung handelt, die in einem Gebäude gelegen ist, in dem die Bank bereits zumindest eine gleichartige Wohnung innerhalb der letzten zwei Jahre - etwa anläßlich einer früheren Beleihung - besichtigt hat,

c) bei Beleihung eines in einer Siedlung von gleichartigen Einfamilienhäusern gelegenen Einfamilienhauses das Institut zumindest ein gleichartiges Objekt in dieser Siedlung innerhalb der letzten zwei Jahre besichtigt hat,

d) bei Beleihung eines neu errichteten Fertighauses der Bank bzw. dem Kooperationspartner der Bauplatz bekannt ist und das Fertighaus nach Art und Typus anhand des Kataloges des Herstellers eindeutig bestimmt werden kann.

Die Gründe für einen Verzicht auf die Besichtigung sind in der Beleihungswertermittlung in nachvollziehbarer Weise zu dokumentieren.

3. Zu einer realkreditmäßigen Bearbeitung gehört ebenfalls die Einhaltung des Grundsatzes der Funktionstrennung. Im Hinblick auf die Sicherstellung einer objektiven Wertermittlung bedeutet dies, daß Mitarbeiter, die mit der Kreditbearbeitung befaßt sind, für die Erstellung der Beleihungswertermittlung grundsätzlich ausscheiden. Bei den hier in Rede stehenden Kleindarlehen kann jedoch unter den nachfolgend genannten Voraussetzungen von der strengen Trennung zwischen Kreditbearbeitung und Wertermittlung abgesehen werden und die Ermittlung des Beleihungswertes durch den Kreditsachbearbeiter erfolgen, wobei der für die Kreditentscheidung abschließend zeichnende Mitarbeiter ("Vier-Augen-Prinzip") den Beleihungswert festsetzt: Erforderlich ist zum einen, daß die betreffenden Mitarbeiter für die Bewertung im Standardgeschäft ausreichend geschult und qualifiziert sind, zum anderen, daß durch eine Überprüfung seitens der Gutachterabteilungen in einer hinreichend großen Zahl repräsentativer Stichproben die Ordnungsmäßigkeit der Wertermittlung sichergestellt wird. Die Zahl der Fälle, die unter die Stichprobe der Gutachterabteilungen fallen, muß hierbei so groß sein, daß eine verläßliche Aussage über die Qualität der Bewertung getroffen werden kann. Die Entscheidungen und Beweggründe über die Regelmäßigkeit dieser Stichprobe, die Zahl der ausgewählten Fälle und die Prüfungsintensität sind aktenmäßig zu dokumentieren.

- 4 -

- 4 -

Die vorgenannten Ausführungen zur Kleindarlehensgrenze gelten nur für im Inland gelegene Beleihungsobjekte. Die Möglichkeit einer Einführung entsprechender Erleichterungen auch bei Auslandsbeleihungen bleibt einer gesonderten Entscheidung vorbehalten.

Ich bin bereit, Änderungen der Wertermittlungsanweisungen der Hypothekenbanken gemäß § 13 HBG zu genehmigen, die den oben dargestellten Grundsätzen zur Kleindarlehensgrenze entsprechen.

Mit freundlichen Grüßen
Im Auftrag
Pürsten

BUNDESAUFSICHTSAMT FÜR DAS KREDITWESEN · KANZLEI 2

Beglaubigt:
Verwaltungsangestellte

Wertermittlungsformular

hyp Zert
GESELLSCHAFT ZUR ZERTIFIZIERUNG VON IMMOBILIENSACHVERSTÄNDIGEN FÜR BELEIHUNGSWERTERMITTLUNGEN MBH

Wohnungswirtschaftliches/Gewerbliches Gutachten

Bearbeitet von Ident.Nr.:

Beleihungswertermittlung

1. Sachwertberechnung

1.1. Bodenwert

Grundstücksgröße in m²	Preis pro m²	Erschließung pro m²	Gesamt pro m²	Bodenwert €
Zuschlag/Abschlag				
Bodenwert €				

ggf. Erläuterungen zum Bodenwertansatz/sonstige Bemerkungen:

60/508/14/U

1.2. Bauwert im Abschlagsverfahren

Gebäude	m³	€ / m³	Wertminderung %	€ / m³	€ Gesamt
Zwischensumme					
Zuschläge (bes. Betriebseinrichtungen, etc.)					
Außenanlagen					
Zwischensumme Bauwert					
Baunebenkosten					
Bauwert (vor Abschlag)					
Sicherheitsabschlag...........%					
Bauwert					

ggf. Erläuterungen zum Bauwert/sonstige Bemerkungen:

1.3. Sachwert

	€
Bodenwert	
Bauwert	
Sachwert	

ggf. Erläuterungen zum Sachwert/sonstige Bemerkungen:

2. Ertragswertberechnung

Mietansatz entweder als Nettokaltmiete (a) oder als Bruttokaltmiete (b)

Nutzung	m² / Stück	angegeb. Miete pro m² mtl. netto kalt/€	**Alternativ:** a) Mietansatz pro m² mtl. netto kalt/€	b) Mietansatz pro m² mtl. brutto kalt/€	Miete €/p.a. **Wohnen**	Miete €/p.a. **Gewerbe**
				Summe		

abzüglich Bewirtschaftungskosten: (p. a.)			
Zwischensumme Bewirtschaftungskosten in €	€		
Zwischensumme Bewirtschaftungskosten in %	%		
angesetzte Bewirtschaftungskosten in %	%		
angesetzte Bewirtschaftungskosten in €	€		
Jahresreinertrag	€		
Jahresreinertrag (gesamt)	€		

Zinssatz Wohnen: ....% Zinssatz Gewerbe: ....% gewichteter Zinssatz: ....%

Bodenwertverzinsung		
gewählter Zinssatz: ....%/Bodenwert €	€	
Gebäude-Jahresreinertrag	€	

Vervielfältiger ....bei ....Jahren Restnutzungsdauer, bei ....% S/H-Zins (Kapitalisierungszins)		
Gebäudeertragswert	€	
Bodenwert	€	
Summe	€	
Zu-/Abschläge	€	
Ertragswert	€	

ggf. Erläuterungen zum Ertragswert/sonstige Bemerkungen:

60/508/14/U

3. Beleihungswertansatz

Sachwert	€	
Ertragswert	€	
Zu-/Abschläge	€	
Beleihungswert (Verkaufswert) gemäß § 12 HBG	**€**	

entspricht pro m² Wohn-/Nutzfläche (Mietfläche)	€	
= ....fache angesetzte Jahresnettokaltmiete		

ggf. Erläuterungen zum Beleihungswertansatz/sonstige Bemerkungen

4. Objektbeurteilung

- Nachhaltigkeit der Mieten:
- Vermietbarkeit:
- Verkäuflichkeit:
- Gesamteindruck:
sonstige Bemerkungen, Auflagen, etc.

60/508/14/U

Teil III

Beispiele:

Nr. 1. Wohnhaus mit Laden, Verkehrswert
Nr. 2. Wohnhaus mit Laden, Beleihungswert
Nr. 3. Wohnhaus mit Laden als Erbbaurecht, Verkehrswert
Nr. 4. Wohnhaus mit Laden als Erbbaurecht, Beleihungswert
Nr. 4a. Zugehöriges Erbbaugrundstück
Nr. 5. Bürogebäude in Frankfurt/M., Beleihungswert
Nr. 6. Bürogebäude in Frankfurt/M. als Erbbaurecht, Beleihungswert
Nr. 6a. Zugehöriges Erbbaugrundstück
Nr. 7. Einfamilienwohnhaus, Beleihungswert
Nr. 8. Fachmarktcenter im Allgäu, Beleihungswert
Nr. 9. Lagergebäude mit Büro in Augsburg, Beleihungswert
Nr. 10. Eigentumswohnung, Beleihungswert
Nr. 11. Hotel garni, Beleihungswert

Vorgaben für die Beispiele 1–4:

Wohnhaus mit Läden und Parkpalette:

Die wichtigsten Angaben zum Objekt

Lage: Düsseldorf – Derendorf; gute urbane Wohnlage; gute Verkehrsanbindung; allgemeines Wohngebiet mit Läden des tägl. Bedarfs einigen Büros und kleineren Gewerbebetrieben. Gute Verkehrsanbindung durch U-Bahn und Straßen. Zur Innenstadt ca. 3 km.

Grundstück: Grundstück 950 qm; 21 m Straßenfront; eben; guter Baugrund; keine Altlasten; Anschlüsse an die üblichen Versorgungsleitungen gegeben. In den umliegenden Straßen wenig Parkmöglichkeiten. Vorgefundene Bebauung GFZ 1,6.

Bebauung: Wohnhaus mit zwei Läden (60 und 130 qm) im EG und Durchfahrt.
In den vier OG jeweils drei Wohnungen zu je 80 qm, zusammen 960 qm (12 WE).
DG nicht ausgebaut.
Im Hof Parkpalette mit insgesamt 14 PKW Einstellplätzen.
Baujahr 1967, 1985 erste Teilmodernisierung. Jetzt soll der Rest modernisiert werden. Nach Modernisierung gute zeitgemäße Bauausführung und Ausstattung. (Massivbauweise, auch Decken und Treppen; Holzdachstuhl mit Ziegeleindeckung; Putzfassaden mit ausreichender Wärmedämmung; Holzfenster mit Isolierverglasung, Zentralheizung mit Gasfeuerung und zentraler Warmwasserbereitung. Parkpalette in Beton im OG teilw. überdeckt (Stahl, Eternit); Guter Bauzustand.

Vermietung: Läden: Reisebüro 60 qm zu je € 20,00 (DM 38,00)
Friseur 130 qm zu je € 13,00 (DM 25,00)
Wohnungen insg. 960 qm zu je € 8,50 (DM 16,60)
PKW Einstellpl. i. D zu je € 30,00 (DM 59,00)

Mietverträge: Reisebüro: Restlaufzeit 5 Jahre. Neuvermietung z. Zt. nur mehr zu € 15,00 möglich. in 2. Jahren vorauss. € 20,00 wieder erreichbar.
Friseur: Restlaufzeit 2 Jahre. Bei einer Neuvermietung wären auch € 15,00 möglich.
Wohnungen: Normale Kündigungsfristen, Mieten entsprechen der Marktlage.

Bodenrichtwert: € 703,00 bei GFZ 2,0. Bei GFZ 1,6 ca. € 560,00 (lineare Umrechnung).

Umb. Raum Vordergebäude: 5270 cbm (DIN 277 1950)
Parkpalette: 800 cbm.

Beispiel 1: Bewertung für den Verkehrswert nach WertV

I. S a c h w e r t:

Bodenwert:		
950 qm zu € 560,00 (ebf) =		€ 532.000,00
Gebäudewert:		
Wohnhaus 5270 cbm × € 320,00 =	€ 1.686.400,00	
Wertminderung 20 %	€ 337.280,00	
Gebäudezeitwert		€ 1.349.120,00
Parkpal. 800 cbm × € 120,00 =	€ 96.000,00	
Wertminderung 15 %	€ 14.400,00	
Gebäudezeitwert		€ 81.600,00
Zwischensumme		€ 1.430.720,00
Außenanlagen 3 %		€ 42.922,00
Zwischensumme		€ 1.473.642,00
Baunebenkosten 15 %		€ 221.046,00
Bauwert		€ 1.694.688,00
Hinzu Bodenwert wie oben		€ 532.000,00
Sachwert		€ 2.226.688,00
Das sind rund		€ 2.227.000,00

II. E r t r a g s w e r t:

Mieten (Nettomieten, kalt)	Gewerbe	Wohnungen
Reisebüro 60 qm zu € 20,00	€ 1.200,00	
Friseur 130 qm zu € 15,00	€ 1.950,00	
Wohnungen 960 qm € 8,50		€ 8.160,00
PKW- Einstellplätze:		
12 × € 30,00		€ 360,00
2 × € 30,00	€ 60,00	
Monatsmiete	€ 3.210,00	€ 8.520,00
Jahresmiete	€ 38.520,00	€ 102.240,00
Summe		€ 140.760,00
Bewirtschaftungskosten:		
nicht umgelegte Betriebskost. (€ 1,80 je qm)	€ 342,00	€ 1.728,00
Verwaltungskosten (€ 215,00 je Einheit)	€ 430,00	€ 2.580,00
Instandhaltungskosten (G 12,00/ W 10,00 je qm)	€ 2.280,00	€ 9.600,00

Für Parkpalette		
2 × € 75,00	€ 150,00	
12 × € 75,00		€ 900,00
Mietausfallwagnis 3 % d. Miete	€ 1.156,00	€ 3.067,00
Summe Bew.Kosten	€ 4.358,00	€ 17.875,00
= % der Miete	11,31%	17,48 %
angesetzte		
Bewirtschaftungskosten in %	12,0%	18,00 %
das sind	€ 4.622,00	€ 18.403,00
Jahresreinertrag	€ 33.898,00	€ 83.837,00
= %	28,79	71,21
Summe Läden + Wohnungen =		€ 117.735,00

Liegenschaftszinssatz	5,25%	
(Gewerbeanteil unter 50 %)		
Bodenwertverzinsung		
€ 532.000,00 × 5,25% =	€ 27.930,00	
Gebäudereinertrag	€ 89.805,00	
Vervielfältiger bei 5,25 % Zins und		
55 Jahren Restnutzungsdauer 17,91		
Gebäudeertragswert		€ 1.608.408,00
Hinzu Bodenwert		€ 532.000,00
Ertragswert		€ 2.140.408,00
das sind rund		€ 2.140.000,00

III. V e r k e h r s w e r t:	
Sachwert	€ 2.227.000,00
Ertragswert	€ 2.140.000,00
Verkehrswert (Ertragsobjekt)	€ 2.140.000,00
das sind je qm Nutzfläche (1150 qm)	€ 1.861,00

das ist die 15,20 fache Jahresnettokaltmiete.
Wegen der noch zwei Jahre etwas niedrigeren Friseurmiete könnte ein geringer Abschlag gemacht werden.

Beispiel 2: Bewertung für den Beleihungswert (§ 12 HBG)

I. S a c h w e r t:

Bodenwert:		
950 qm zu € 560,00 (ebf) =		€ 532.000,00
Gebäudewert:		
Wohnhaus 5270 cbm × € 320,00 =	€ 1.686.400,00	
Wertminderung 20 %	€ 337.280,00	
Gebäudezeitwert		€ 1.349.120,00
Parkpal. 800 cbm × € 120,00 =	€ 96.000,00	
Wertminderung 15 %	€ 14.400,00	
Gebäudezeitwert		€ 81.600,00
Zwischensumme		€ 1.430.720,00
Außenanlagen 3 %		€ 42.922,00
Zwischensumme		€ 1.473.642,00
Baunebenkosten 15 %		€ 221.046,00
Zwischensumme		€ 1.694.688,00
Sicherheitsabschlag 10 %		€ 169.469,00
Gebäudewert		€ 1.525.219,00
Hinzu Bodenwert wie oben		€ 532.000,00
Sachwert		€ 2.057.219,00
Das sind rund		€ 2.057.000,00

II. E r t r a g s w e r t:

Mieten (Nettomieten, kalt)	Gewerbe	Wohnungen
Reisebüro 60 qm zu € 15,00	€ 900,00	
Friseur 130 qm zu € 13,00	€ 1.690,00	
Wohnungen 960 qm € 8,50		€ 8.160,00
PKW- Einstellplätze:		
12 × € 30,00		€ 360,00
2 × € 30,00	€ 60,00	
Monatsmiete	€ 2.650,00	€ 8.520,00
Jahresmiete	€ 31.800,00	€ 102.240,00
Summe		€ 134.040,00
Bewirtschaftungskosten:		
nicht umgelegte Betriebskost. (€ 1,80 je qm)	€ 342,00	€ 1.728,00
Verwaltungskosten (215,00 je Einheit)	€ 430,00	€ 2.580,00
Instandhaltungskosten (G 12,00/ W 10,00 je qm)	€ 2.280,00	€ 9.600,00

Für Parkpalette		
2 × € 75,00	€ 150,00	
12 × € 75,00		€ 900,00
Mietausfallwagnis 3 % d. Miete	€ 954,00	€ 3.067,00
Summe Bew.Kosten	€ 4.156,00	€ 17.875,00
= % der Miete	13,07%	17,49 %
angesetzte Bewirtschaftungskosten in %	15,0%	18,00 %
das sind	€ 4.770,00	€ 18.403,00
Jahresreinertrag	€ 27.030,00	€ 83.837,00
= %	24,38	75,62
Summe Läden + Wohnungen =		€ 110.867,00

Kapitalisierungszinssätze	6 %	5,25%	
Gewogener Durchschnitt gerundet 5,5 %			
Bodenwertverzinsung € 532.000,00 × 5,5% =		€ 29.260,00	
Gebäudereinertrag		€ 81.607,00	
Vervielfältiger bei 5,5 % Zins und 55 Jahren Restnutzungsdauer 17,23			
Gebäudeertragswert			€ 1.406.089,00
Hinzu Bodenwert			€ 532.000,00
Ertragswert			€ 1.938.089,00
das sind rund			€ 1.938.000,00

III. B e l e i h u n g s w e r t:

Sachwert	€ 2.057.000,00
Ertragswert	€ 1.938.000,00
Beleihungswert (Ertragsobjekt)	€ 1.938.000,00
das sind je qm Nutzfläche (1.150 qm)	€ 1.685,00

das ist die 14,46 fache Jahresnettokaltmiete.

Aus den beiden Beispielen 1 und 2 lassen sich genau die Unterschiede in der Rechnung, vor allem die methodischen Vorkehrungen (Bremsen) erkennen.

IV. M ö g l i c h e B e l e i h u n g:

1. Nach dem Wert:

60 % des Beleihungswerts = Realkredit =	rd. € 1.160.000,00
80 % des Beleihungswerts =	rd. € 1.550.000,00

2. Nach der Kapitaldienstgrenze:

Reinertrag wie oben	€ 110.867,00
Erwünschte Reserve wenigstens 5 %	€ –5.543,00
Kapitaldienstgrenze	€ 105.324,00

Annuität obiger Realkredit bei		
6,5 % Zins und 1 % Tilg.=	€ 87.000,00	
Verbleiben für nachrangiges Darlehen		
außer der Deckung	€ 18.324,00	
Annuität Darlehensteil außer Deckung		
Zins 7 % Tilg 2 % .		
Die Kapitaldienstgrenze reicht nur mehr für rund		€ 203.600,00
Hinzu Realkredit wie oben		€ 1.160.000,00
Mögliche Höchstbeleihung		€ 1.363.600,00
oder rund		€ 1.360.000,00

das sind 70,2 % des Beleihungswerts.
Die Kapitaldienstgrenze bestimmt letztlich die Maximalbeleihung.

Beispiel 3: Bewertung als Erbbaurecht (Verkehrswert) nach WertV

Zusätzliche Vorgaben:
Restlaufzeit des Erbbaurechts 60 Jahre (5 Jahre länger als Restnutzungsdauer des Gebäudes). Entschädigung bei Ablauf keine.
Entschädigung bei vorzeitigem Heimfall nur 50 % des Zeitwerts der Gebäude.
Erbbauzins € 20.000,00 pro Jahr, wertgesichert durch Bindung an Lebenshaltungsindex. Erbbauzins derzeit 3,76 % des Bodenwerts.
Angemessene Bodenwertverzinsung 5,25 % = € 27.930,00
Erbbauzins somit um € 7.930,00 unter der angemessenen Bodenwertverzinsung.

I. S a c h w e r t:	
Bodenwertanteil d. Erbbaurechts:	
€ 7.930,00 × 18,16 × 0,5 (Wertfaktor)	€ 72.004,00
(5,25 % Zins; 60 Jahre Restnutzungsdauer)	
Gebäudewert unverändert wie in Beispiel 1	€ 1.694.688,00
Sachwert	€ 1.766.692,00
Das sind rund	€ 1.767.000,00

II. E r t r a g s w e r t des Erbbaurechts (nach WertV)	
Gebäudeertragswert wie in Beispiel 1	rd. € 1.608.400,00
Hinzu Bodenwertanteil des Erbbaurechts wie oben	€ 72.004,00
Ertragswert	€ 1.680.404,00
das sind rund	€ 1.680.000,00

III. V e r k e h r s w e r t des Erbbaurechts:	
Sachwert	€ 1.767.000,00
Ertragswert	€ 1.680.000,00
Verkehrswert d. Erbbaurechts (Ertragsobjekt)	€ 1.680.000,00
das sind je qm Nutzfläche (1.150 qm)	€ 1.461,00

das ist die 11,94 fache Jahresnettokaltmiete (aus Beisp. 1).
Wegen der in den nächsten zwei Jahre etwas niedrigeren Friseurmiete könnte noch ein geringer Abschlag gemacht werden.

Beispiel 4: Bewertung als Erbbaurecht (Beleihungswert) nach System Hypothekenbanken

Vorgaben Erbbaurecht wie Beispiel 3.

Korrektur-Anlage zur Wertermittlung für Erbbaurechte: Beleihungswert nach § 12 HBG des Volleigentums wie Beispiel 2		€ 1.938.000,00
1.	Abschläge wegen Erbbaurecht:	
1.1	Wegen Laufzeit des Erbbaurechts: Bodenwert steht nur noch 60 Jahre (Ende des Erbbaurechts) zur Verfügung. Deshalb Abschlag für die Anschlusszeit Bodenwert abgezinst für 60 Jahre bei 5,5 % Zins € 532.000,00 × 0,0403 =	€ –21.440,00
1.2	Wegen – teilweise – fehlender Entschädigung: Hier kein Abschlag erforderlich, da Restnutzungsdauer d. Gebäudes 5 Jahre niedriger als Restlaufzeit des Erbbaurechts. Teilentschädigung bei vorzeitigem Heimfall kommt im Abschlag unter 1.3 zum Ausdruck.	
1.3	Wegen sonstiger Einwirkungen aus dem Erbbaurechtsvertrag pauschal 10 % des Werts des Volleigentum	€ –193.800,00
	Beleihungswert für das erbbauzinsfreie Erbbaurecht	€ 1.722.760,00
1.4	Einwirkungen des Erbbauzinses:	
1.41	Alte Regelung; Erbauzinsreallast tritt hinter Darlehen der Bank zurück:	
	Wert des Erbbaurechts (erbbauzinsfrei)	€ 1.722.760,00
	Realkredit = 60 % = rund	€ 1.033.656,00
	oder rund	€ 1.000.000,00
1.42	Alte Regelung, Erbbauzinsreallast tritt nicht hinter Darlehen der Bank zurück:	
	Wert des Erbbaurechts (erbbauzinsfrei)	€ 1.722.760,00
	Realkredit 60 % wie oben (Ziffer 1.41)	€ 1.000.000,00
	Abzug kap. Erbbauzins von der Beleihung: Erbbauzins kapitalisiert für 60 Jahre Restlaufzeit, 5,5 % Zins; € 20.000,00 × 17,45 =	€ –349.000,00
	Möglicher Realkredit	€ 651.000,00

1.43	Neue Regelung (Erbbauzins ist Inhalt des Erbbaurechts. Nach § 9 Abs. 3 Satz 1 ErbbauVO „versteigerungsfest“):	
	Wert des Erbbaurechts (erbbauzinsfrei)	€ 1.722.760,00
	Abzug kapitalisierter Erbbauzins vom Wert des erbbauzinsfreien Erbbaurechts	€ –349.000,00
	Verbleibender Wert des Erbbaurechts	€ 1.373.760,00
	Realkredit hiervon 60 % =	€ 824.256,00
	oder rund	€ 824.000,00

Bemerkungen:
Aus diesen Beispielsrechnungen ist klar ersichtlich, dass der Rangrücktritt der Erbbauzinsreallast die höchste Beleihung des Erbbaurechts ermöglicht. Der Erbbauzins ist dann aber nur mehr als nachrangige Rente auf dem Erbbaurecht gesichert, was man von professionellen Grundstückseigentümern nicht erwarten kann. Die neue Regelung seit Oktober 1994, wonach der Erbbauzins unabhängig vom Rang der Reallast im Grundbuch durch gesonderte Vereinbarung im Erbbaurechtsvertrag nach § 9 Abs. 3 Satz 1 ErbbauVO versteigerungsfest gemacht werden kann, führt zu einem vertretbaren, gegenüber der Regelung nach obiger Ziffer 1.42 deutlich günstigerem Ergebnis.
Kapitaldienstgrenze:
Die Kapitaldienstgrenze ist in allen drei Varianten gleich und beträgt:

Kapitaldienstgrenze wie in Beispiel 2	€ 105.304,00
Hiervon ab der Erbbauzins mit	€ 20.000,00
Verbleiben als Kapitaldienstgrenze	€ 85.304,00

das reicht bei 6,5 % Zins und 1 % Tilgung bei allen drei Varianten noch für eine nachrangige Spitze außerhalb der Deckung.

Beispiel 4a Wert des Erbbaugrundstücks in Beispiel 4

Erbbauzins für 60 Jahre € 20.000,00	
Kapitalwert bei 5,5 % Zins 20.000,00 × 17,45 =	€ 349.000,00
Hinzu abgezinster Bodenwert nach Ablauf des Erbbaurechts € 532.000,00 × 0,0403 =	€ 21.440,00
Wert des Erbbaugrundstücks	€ 370.440,00

Beispiel 5: Beleihung eines Bürogebäudes, Rand City Frankurt/M:

Vorgaben: Günstige, aber nicht 1a Lage. Neubau mit zeitgemäßer Bauweise und Technik. Gut vermietet an einen angesehenen Nutzer. Laufzeit Mietvertrag 10 Jahre mit Verlängerungsoption von 5 Jahren zu unveränderten Bedingungen. Alle fünf Jahre Mietanpassung mit 70 % der Veränderung des Lebenshaltungsindex. Nettomiete. Betriebskosten werden voll umgelegt. Vermieter trägt Reparaturen, Verwaltung, Mietausfallwagnis. Annahme 70 Jahre Restnutzungsdauer.

B e w e r t u n g f ü r B e l e i h u n g s w e r t:

I. S a c h w e r t:

Bodenwert:		
600 qm zu € 5.200,00 (ebf)=		€ 3.120.000,00
Gebäudewert:		
Bürogebäude		
11.500 cbm × € 470,00 =	€ 5.405.000,00	
Wertminderung keine	€ 0,00	
Gebäudezeitwert		€ 5.405.000,00
Außenanlagen 3 %		€ 162.150,00
Zwischensumme		€ 5.567.150,00
Baunebenkosten 15 %		€ 835.073,00
Zwischensumme		€ 6.402.223,00
Sicherheitsabschlag 10 %		€ 640.222,00
Gebäudewert		rd. € 5.762.000,00
Hinzu Bodenwert wie oben		€ 3.120.000,00
Sachwert		€ 8.882.000,00
Das sind rund		€ 8.880.000,00

II. E r t r a g s w e r t:

Mieten (Nettomieten, kalt)	
Bürofläche 2.000 qm zu € 26,00	€ 52.000,00
PKW- Einstellplätze in Tiefgarage:	
15 × € 110,00	€ 1.650,00
Monatsnettomiete	€ 53.650,00
Jahresnettomiete	€ 643.800,00
Bewirtschaftungskosten:	
nicht umlegb. Betriebskosten keine	
Verwaltungskosten	€ 19.314,00
(3 % der Jahresmiete)	
Instandhaltungskosten	
(2.000 qm × € 12,00)	€ 24.000,00
Für Tiefgaragenplätze	
15 × € 75,00	€ 1.125,00
Mietausfallwagnis 4 % d. Miete	€ 25.752,00

Summe Bew.Kosten	€ 70.191,00	
= % der Miete	10,90 %	
angesetzte Bewirtschaftungskosten in %	15,0 %	
das sind	€ 96.570,00	
Jahresreinertrag	€ 547.230,00	
Kapitalisierungszinssatz 6 %		
Bodenwertverzinsung € 3.120.000,00 × 6,0% =	€ 187.200,00	
Gebäudereinertrag	€ 360.030,00	
Vervielfältiger bei 6,0 % Zins und 70 Jahren Restnutzungsdauer 16,38		
Gebäudeertragswert		€ 5.897.291,00
Hinzu Bodenwert		€ 3.120.000,00
Ertragswert		€ 9.017.291,00
das sind rund		€ 9.010.000,00

III. Beleihungswert:

Sachwert	€ 8.880.000,00
Ertragswert	€ 9.010.000,00
Beleihungswert (Ertragsobjekt)	€ 9.000.000,00
das sind je qm Nutzfläche	€ 4.500,00

das ist die 13,98 fache Jahresnettokaltmiete.

IV. Mögliche Beleihung:

1. Nach dem Wert:

60 % des Beleihungswerts = Realkredit =	€ 5.400.000,00
80 % des Beleihungswerts =	€ 7.200.000,00

2. Nach der Kapitaldienstgrenze:

Reinertrag wie oben	€ 547.230,00	
Erwünschte Reserve wenigstens 5 %	€ –27.362,00	
Kapitaldienstgrenze	€ 519.868,00	
Annuität obiger Realkredit bei 6,5 % Zins und 1 % Tilg.=	€ 405.000,00	
Verbleiben für nachrangiges Darlehen außer der Deckung	€ 114.868,00	
Annuität Darlehensteil außer Deckung Zins 7 % Tilg 2 % .		
Die Kapitaldienstgrenze reicht nur mehr für rund		€ 1.276.311,00
Hinzu Realkredit wie oben		€ 5.400.000,00
Mögliche Höchstbeleihung		€ 6.676.311,00
oder rund		€ 6.670.000,00

das sind 74 % des Beleihungswerts.

3. Bemerkungen:

Auf Grund der Sonderreglung für bestens gelegene Innenstadtobjekte könnte dieses Objekt bei sehr guter Lage und Vermietung an eine erste Adresse mit 5,75 % kapitalisiert werden. Beleihungswert dann € 9.390.000,00. Realkredit dann € 5.634.000,00. Annuität bei unverändert Zins 6,5 % und 1 % Tilgung € 422.550,00. Für Kapitaldienst auf Nachrangbeleihung blieben € 97.318,00, die bei 9 % Annuität für € 1.081.000,00 ausreichen würden. Mögliche Gesamtbeleihung somit wegen der unveränderten Kapitaldienstgrenze rund € 6.700.000,00. Nachdem die tatsächlichen Bewirtschaftungskosten bei solchen Objekten in der Regel deutlich unter den angesetzten (Mindest)-Satz von 15 % liegen, könnte das Objekt bei guter Vermietung auch noch einen etwas höheren Kapitaldienst tragen. Die erwünschte Reserve könnte bei der Berechnung der Kapitaldienstgrenzer als durch den relativ hohen Abzug für Bewirtschaftungskosten erfüllt angesehen werden. Ein gesonderter Abzug wäre dann entbehrlich.

Beispiel 6: Bewertung Objekt Beispiel 5 als Erbbaurecht (Beleihungswert) nach System Hypothekenbanken

Zusätzliche Vorgaben Erbbaurecht
Laufzeit des Erbbaurechts 50 Jahre (20 Jahre kürzer als RND)
Entschädigung bei Ablauf 50 % des Zeitwerts des Gebäudes.
Entschädigung bei vorzeitigem Heimfall ebenso.
Erbbauzins € 156.000,00 pro Jahr d.s. 5,00 % des Bodenwerts.
Angemessene Bodenwertverzinsung 6,00 % = € 187.200,00
Erbbauzins somit um € 31.200,00 unter der angemessenen Bodenwertverzinsung.

Korrektur-Anlage zur Wertermittlung für Erbbaurechte:

	Beleihungswert nach § 12 HBG des Volleigentums wie Beispiel 5	€ 9.000.000,00
1.	Abschläge wegen Erbbaurecht:	
1.1	Wegen Laufzeit des Erbbaurechts: Bodenwert steht nur noch 50 Jahre (Ende des Erbbaurechts) zur Verfügung. Deshalb Abschlag für die Anschlusszeit Bodenwert abgezinst für 50 Jahre bei 6,00 % Zins € 3.120.000,00 × 0,0543 =	€ –169.416,00
1.2	Wegen – teilweise – fehlender Entschädigung: Gebäudeertragsanteil wie Beisp. 5 € 360.030,00 Restnutzungsdauer 70 Jahre Multiplikator bei 6 % Zins 16,38 Restlaufzeit Erbbaurecht 50 Jahre Hierfür Multiplikator bei 6 % Zins 15,76 verbleiben 0,62 Abschlag wegen teilweise fehlender Gebäudeentschädigung (50 % d. Zeitwerts) somit 0,62 × € 360.030,00 = € 223.219,00 Davon 50 % =	rd. € –111.610,00
1.3	Wegen sonstiger Einwirkungen aus dem Erbbaurechtsvertrag pauschal 12 % des Werts Volleigentum	€ –1.080.000,00
	Beleihungswert für das erbbauzinsfreie Erbbaurecht	€ 7.638.974,00

1.4	Einwirkungen des Erbbauzinses:	
1.41	Alte Regelung; Erbauzinsreallast tritt hinter Darlehen der Bank zurück:	
	Wert des Erbbaurechts (erbbauzinsfrei)	€ 7.638.974,00
	Realkredit = 60 % = rund	€ 4.580.000,00
1.42	Alte Regelung, Erbbauzinsreallast tritt nicht hinter das Darlehen der Bank zurück:	
	Wert des Erbbaurechts (erbbauzinsfrei)	€ 7.638.974,00
	Realkredit 60 % wie oben (Ziffer 1.41)	€ 4.580.000,00
	Abzug kapitalisierter Erbbauzins vom Darlehen:	
	Erbbauzins kapitalisiert für 50 Jahre Restlaufzeit, 6,00 % Zins: € 156.000,00 × 15,76 =	€ –2.458.560,00
	Möglicher Realkredit	€ 2.121.440,00
	oder rund	€ 2.120.000,00
1.43	Neue Regelung (Erbbauzins ist Inhalt des Erbbaurechts. Nach § 9 Abs. 3 Satz 1 ErbbauVO „versteigerungsfest“):	
	Wert des Erbbaurechts (erbbauzinsfrei)	€ 7.638.974,00
	Abzug kapitalisierter Erbbauzins vom Wert des erbbauzinsfreien Erbbaurechts	€ –2.458.560,00
	Verbleibender Wert des Erbbaurechts	€ 5.180.414,00
	Realkredit hiervon 60 % = rund	€ 3.108.248,00
	oder rund	€ 3.100.000,00

1.5 Kapitaldienstgrenze:

Wie in Beispiel 5:	€ 519.868,00
abzüglich Erbbauzins	€ 156.000,00
verbleiben	€ 363.868,00

das reicht bei 6,5 % Zins und 1 % Tilgung in allen drei Varianten noch für eine nachrangige Spitze außerhalb der Deckung.

Beispiel 6a Wert des Erbbaugrundstücks in Beispiel 6

Erbbauzins für 50 Jahre € 156.000,00	
Kapitalwert bei 6,0 % Zins 156.000,00 × 15,76 =	€ 2.458.560,00
Hinzu nicht zu entschädigender Gebäudewert	€ 111.610,00
Hinzu abgezinster Bodenwert nach Ablauf des Erbbaurechts € 3.120.000,00 × 0,0543 =	€ 169.416,00
Wert des Erbbaugrundstücks	€ 2.739.586,00

Beispiel 7. Einfamilienwohnhaus

Vorgaben: Günstige Lage in süddeutscher Stadt mit rund 150.000 Einwohnern. Baujahr 1976. Bauweise und Ausstattung noch zeitgemäß. Im Dachgeschoss könnte noch ein Raum ausgebaut werden. Gebäude eigengenutzt von gehobenem Beamten mit zwei größeren Kindern. Die Frau hat eigenes Einkommen aus Halbtagstätigkeit als angestellte Ärztin.

I. S a c h w e r t:

Bodenwert:		
700 qm zu € 320,00 =		€ 224.000,00
Gebäudewert:		
Wohnhaus 800 cbm × € 300,00 =	€ 240.000,00	
Garage 60 cbm × € 140,00 =	€ 8.400,00	
Summe	€ 248.400,00	
Wertminderung 20 %	€ 49.680,00	
Gebäudezeitwert		€ 198.720,00
Außenanlagen 5 %		€ 9.936,00
Zwischensumme		€ 208.656,00
Baunebenkosten 15 %		€ 31.298,00
Zwischensumme		€ 239.954,00
Sicherheitsabschlag 10 %		€ 23.995,00
Gebäudewert		€ 215.959,00
Hinzu Bodenwert wie oben		€ 224.000,00
Sachwert		€ 439.959,00
Das sind rund		€ 440.000,00

II. E r t r a g s w e r t:

Die Errechnung eines Ertragswerts kann bei derartigen Objekten unterbleiben. Sie stellt aber eine gute Kontrolle dar, vor allem, wenn vom Sachwert ein Marktanpassungsabschlag erforderlich ist.

Mietwert:		
Wohnfläche 160 qm zu € 8,50	€ 1.360,00	
Garage pauschal	€ 40,00	
monatlicher Mietwert	€ 1.400,00	
Jahresmietwert	€ 16.800,00	
Bewirtschaftungskosten pauschal 20 %	€ 3.360,00	
Reinertrag		€ 13.440,00
Bodenwertverzinsung		
5 % aus € 224.000,00	€ 11.200,00	
Gebäudeertragsanteil	€ 2.240,00	

Vervielfältiger bei
55 Jahren RND und 5 % Zins 18,63.

Gebäudeertragswert	€ 41.731,00	
Hinzu Bodenwert wie oben	€ 224.000,00	
Ertragswert		€ 265.731,00
das sind rund		€ 266.000,00

B e l e i h u n g s w e r t:

Sachwert	€ 440.000,00
Ertragswert	€ 266.000,00
Beleihungswert (Objekt „Sachwert orientiert“)	€ 400.000,00

Bemerkungen:
Kapitalisiert man den Ertragswert nicht mit dem Mindestzinssatz für den Beleihungswert von 5 %, sondern mit 3,5 %, die etwa der laufenden Verzinsung solcher Immobilien am Markt entsprechen, bekommt man einen Ertragswert von rund € 359.000,00. Vom Sachwert von € 440.000,00 ist somit noch ein Marktanpassungsabschlag erforderlich.

M ö g l i c h e B e l e i h u n g:
1. Nach dem Wert:

Realkredit 60 % des Beleihungswerts =	€ 240.000,00
Höchstbeleihung 80 % des Beleihungswerts =	€ 320.000,00
(Darlehensteil außer Deckung € 80.000,00)	

2. Nach der Kapialdienstgrenze.
Maßgebend ist das gesicherte Netto-Einkommen der Darlehensnehmer. Dieses beträgt pro Jahr rund € 70.000,00. Daraus können für den Kapitaldienst langfristig abgezweigt werden 33 % = € 23.100,00. Bei 6,75 % Zinsen und 1,25 % Tilgung, zusammen 8 % Annuität, können etwa € 290.000,00 (mögliche Höchstbeleihung) bedient werden. Die mögliche Höchstbeleihung wird durch die langfristige Tragkraft für den Kapitaldienst begrenzt.

Beispiel 8: Fachmarktcenter im Allgäu

Vorgaben: Gewerbegebiet zwischen zwei zusammengewachsenen Orten mit guter Anbindung an eine Bundesstraße. Baujahr 1999. Gute Bauweise, Ziegelmauerwerk verputzt. Gute, nutzungstypische Ausstattung mit Zentralheizung etc.; neuwertig. Das Gebäude besteht nur aus einem Erdgeschoss mit unbedeutender Unterkellerung unter dem Büroteil.

Vermietung an: SB-Markt, Drogeriemarkt, Elektromarkt und zwei Modefirmen. Mietverträge mit 12 bis 15 Jahren Laufzeit und Verlängerungsoption (5 Jahre). Mietanpassungsklauseln (Lebenshaltungsindex). Mieter tragen alle Nebenkosten, auch die laufenden Reparaturen. Monatsmieten zwischen € 7,50 und 10,00, zuzüglich Mehrwertsteuer. Mietwert der Parkplätze in Ladenmieten enthalten.

Bewertung für Beleihungswert:

I. Sachwert:

Bodenwert:		
8.856.qm zu € 150,00 (ebf) =		€ 1.328.400,00
Gebäudewert:		
12.500 cbm × € 160,00	€ 2.000.000,00	
Wertminderung keine	€ 0,00	
		€ 2.000.000,00
Außenanlagen incl. 110 Parkplätze 9 %		€ 180.000,00
Zwischensumme		€ 2.180.000,00
Baunebenkosten 15 %		€ 327.000,00
Zwischensumme		€ 2.507.000,00
Sicherheitsabschlag 10 %		€ 250.700,00
Gebäudewert		€ 2.256.300,00
Hinzu Bodenwert wie oben		€ 1.328.400,00
Sachwert		€ 3.584.700,00
Das sind rund		€ 3.580.000,00

II. Ertragswert:

Mieten (nachgewiesene Nettomieten, kalt)	
Verkaufsfl. 3.028 qm zu € 9,00 =	€ 27.252,00
(Durchschnitt, incl. PKW-Stellpl.).	
Jahresnettomiete	€ 327.024,00
Bewirtschaftungskosten	
Verwaltungskosten	€ 13.081,00
(4 % der Jahresmiete)	
Instandhaltungskosten	€ 24.830,00
(3.028 qm × € 8,20)	
Für 110 PKW-Plätze	€ 5.500,00
(€ 50,00/Platz)	

Mietausfallwagnis 5 % der Miete	€ 16.351,00
Summe Bewirtschaftungskosten	€ 59.762,00
= in % der Jahresmiete	rund 18,3 %
angesetzte Bewirtschaftungskosten	18,5 %
das sind	€ 60.499,00
Jahresreinertrag	€ 266.525,00

Kapitalisierungszinssatz 7,25 %	
Bodenwertverzinsung	
€ 1.328.400,00 × 7,25 % =	€ 96.309,00
Gebäudereinertrag	€ 170.216,00
Vervielfältiger bei 7,25 % Zins und	
40 Jahren Restnutzungsdauer 12,95	
Gebäudeertragswert	€ 2.204.297,00
Hinzu Bodenwert	€ 1.328.400,00
Ertragswert	€ 3.532.697,00
das sind rund	€ 3.530.000,00

III. Beleihungswert:

Sachwert	€ 3.580.000,00
Ertragswert	€ 3.530.000,00
Beleihungswert (Ertragsobjekt)	€ 3.530.000,00
das sind je qm Nutzfläche	€ 1.166,00
das ist die 10,80 fache Jahresnettokaltmiete	

IV. Mögliche Beleihung:

1. Nach dem Wert:

60 % des Beleihungswerts = Realkredit	€ 2.118.000,00
80 % des Beleihungswerts	€ 2.824.000,00
(Darlehensteil außer Deckung € 706.000,00)	

Nach der Kapitaldienstgrenze:

Reinertrag wie oben	€ 266.525,00
Erwünschte Reserve 8 %	€ 21.322,00
Kapitaldienstgrenze	€ 245.203,00

Annuität obiger Realkredit bei	
6,75 Zins und 1,5 % Tilgung	€ 174.735,00
verbleiben für nachrangige	
Finanzierung	€ 70.468,00
Annuität Darlehensteil außer der	
Deckung bei 7 % Zins und 2 % Tilg.	€ 63.540,00

Die Kapitaldienstgrenze reicht für eine Beleihung von 80 % des Beleihungswerts gut aus. Es könnte sogar verstärkt getilgt oder ein etwas höherer Zinssatz verkraftet werden.

Beispiel 9: Lagergebäude mit Büros in Augsburg

Vorgaben: Lage in einem Gewerbegebiet am Stadtrand von Augsburg, gute Anbindung an die Bundesautobahn. Baujahr 1972, 1999 grundlegend saniert und erweitert. Das Objekt umfasst Erdgeschoss und 1. Obergeschoss. Stahlbetonskelettbauweise ausgefacht mit Gasbetonplatten, Außenseite mit wasserabweisendem Fassadenanstrich. Sonst übliche gute und zweckmäßige Ausführung und Ausstattung. Büroräume mit Zentralheizung, im übrigen relativ einfach. Guter Bauzustand.

Das gesamte Objekt wurde 1991 an einen sehr solventen Mieter für 10 Jahre vermietet. Das Mietverhältnis wurde 1999 bis Ende 2011 verlängert. Mietanpassung einmal jährlich nach Lebenshaltungsindex. Mieter trägt alle Kosten, jedoch nicht die Reparaturen an Dach und Fach. Mieten: Büroflächen € 7,00; Lagerflächen EG € 4,50, 1. OG € 3,50. Diese Mieten liegen im oberen Bereich des Marktes. Nachhaltige Ansätze deshalb etwas niedriger.

Bewertung für Beleihungswert:

I. Sachwert:

Bodenwert:		
3.135.qm zu € 105,00 (ebf) =		€ 329.175,00
(GFZ 1,15; Richtwert € 110,00 bei GFZ 1,2)		
Gebäudewert:		
18.140 cbm × € 105,00	€ 1.904.700,00	
Wertminderung 33 %	628.551,00	
		€ 1.276.149,00
Außenanlagen 5 %		€ 63.807,00
Zwischensumme		€ 1.339.956,00
Baunebenkosten 12 %		€ 160.795,00
Zwischensumme		€ 1.500.751,00
Sicherheitsabschlag 15 %		€ 225.113,00
Gebäudewert		€.1.275.638,00
Hinzu Bodenwert wie oben		€ 329.175,00
Sachwert		€ 1.604.813,00
Das sind rund		€ 1.600.000,00

II. Ertragswert:

Mieten (Nettomieten, kalt)

EG.:	Bürofl.	215 qm zu € 6,60 = €	1.419,00
	Lagerfl.	1.311 qm zu € 4,10 = €	5.375,00
1. OG:	Bürofl.	271 qm zu € 6,60 = €	1.789,00
	Lagerfl.	1.279 qm zu € 3,10 = €	3.965,00
Summen		3.076 qm	€ 12.548,00
Jahresnettomiete			€ 150.576,00

Bewirtschaftungskosten		
Verwaltungskosten	€ 6.023,00	
(4 % der Jahresmiete)		
Instandhaltungskosten	€ 18.456,00	
(3.076 qm × € 6,00)		
Mietausfallwagnis 5 % der Miete	€ 7.529,00	
	€ 32.008,00	
= in % der Jahresmiete	rund 21,25%	
angesetzte Bewirtschaftungskosten	21,5 %	
das sind	€ 32.374,00	
Jahresreinertrag	€ 118.202,00	
Kapitalisierungszinssatz 7,25 %		
Bodenwertverzinsung		
€ 329.175,00 × 7,25 % =	€ 23.865,00	
Gebäudereinertrag	€ 94.337,00	
Vervielfältiger bei 7,25 % Zins und		
33 Jahren Restnutzungsdauer 12,42		
Gebäudeertragswert		€ 1.171.666,00
Hinzu Bodenwert		€ 329.175,00
Ertragswert		€ 1.500.841,00
das sind rund		€ 1.500.000,00

III. B e l e i h u n g s w e r t:

Sachwert	€ 1.600.000,00
Ertragswert	€ 1.500.000,00
Beleihungswert (Ertragsobjekt)	€ 1.500.000,00
das sind je qm Nutzfläche	€ 488,00
das ist die 9,96 fache Jahresnettokaltmiete	

IV. M ö g l i c h e B e l e i h u n g:

1. Nach dem Wert:

60 % des Beleihungswerts = Realkredit	€ 900.000,00
80 % des Beleihungswerts	€ 1.200.000,00
(Darlehensteil außer Deckung € 300.000,00)	

Nach der Kapitaldienstgrenze:

Reinertrag wie oben	€ 118.202,00
Erwünschte Reserve 7 %	€ 8.274,00
Kapitaldienstgrenze	€ 109.928,00
Annuität obiger Realkredit bei 7,00 Zins und 2,00 % Tilgung	€ 81.000,00
verbleiben für nachrangige Finanzierung	€ 28.928,00

Annuität Darlehensteil außer der
Deckung bei 7,5 % Zins und 2,0 % Tilg. € 28.500,00

Die Kapitaldienstgrenze reicht bei der erforderlichen verstärkten Tilgung für eine Beleihung von 80 % des Beleihungswerts aus.

Beispiel 10: Bewertung einer Eigentumswohnung

Vorgaben: Lage in einem guten Wohnviertel in einer bayerischen Großstadt innerhalb einer ansprechenden dreigeschossigen Wohnanlage (KG; EG; 1. OG; etwas zurückgesetztes DG mit Flachdach). Hauptfront mit Terrasse Südseite. Zur Wohnung von 120 qm Wohnfläche gehört ein Tiefgaragenplatz. Günstige Verbindungen zum Zentrum. Baujahr 1961. Massivbauweise. Zeitgemäße Ausführung und Ausstattung. Guter Bauzustand. Die Wohnung selbst wurde vor einigen Jahren grundlegend renoviert und entspricht weitgehend den heutigen Anforderungen des Marktes. Die Wohnung ist vermietet um € 9,00 je qm Wohnfläche.

Für diese Bewertungen von Eigentumswohnungen gibt es unterschiedliche Rechenverfahren. Wenn ausreichende Daten für das gesamte Objekt vorliegen, kann von den Tausendstel-Anteilen in der Teilungserklärung ausgegangen werden, vorausgesetzt diese Anteile sind fair ermittelt worden. In der Regel werden die für ein solches Verfahren, bei dem zunächst das gesamte Objekt zu bewerten wäre, notwendigen Unterlagen und Angaben bei der Bewertung einzelner Eigentumswohnungen nicht zur Verfügung stehen. Es empfiehlt sich deshalb meistens von der Nutzfläche und dem Zustand der zu bewertenden Eigentumswohnung auszugehen und wie folgt zu rechnen:

Die Bewertung erfolgt nach dem Sach-/Vergleichswertverfahren und dem Ertragswert.

Bewertung für Beleihungswert:

I. Sachwert (Vergleichswert):

Bodenwertanteil:		
120 qm Wohnfläche zu € 1.200,00 =		€ 144.000,00
Gebäudewertanteil:		
120 qm Wohnfläche zu € 2.000,00	€ 240.000,00	
Tiefgarage pauschal	€ 12.000,00	
Summe Gebäudeneuwert	€ 252.000,00	
Wertminderung wegen Alters und Zustand 35 %	€ 88.200,00	
verbleiben	€ 163.800,00	
10 % Mindestabschlag	€ 16.380,00	
verbleiben	€ 147.420,00	
Hinzu Bodenwert	€ 144.000,00	
Summe		€ 291.420,00
Sachwert /Vergleichswert		rund € 290.000,00

Ertragswert

Jahresmiete

Wohnfläche 120 qm × € 9,00 × 12 = € 12.960,00

Tiefgaragenplatz € 50,00 × 12 =	€ 600,00	
Summe	€ 13.560,00	
Abzug für nicht umlegbare Bewirtschaftungskosten 18 %	€ 2.441,00	
Jahresreinertrag	€ 11.119,00	
Kapitalisierungszinssatz 5 %		
Bodenwertverzinsung € 144.000,00 × 5 % =	€ 7.200,00	
Gebäudereinertrag	€ 3.919,00	
Vervielfältiger bei 5 % Zins und 39 Jahren Restnutzungsdauer 17,02		
Gebäudeertragswert	€ 66.701,00	
Hinzu Bodenwert	€ 144.000,00	
Summe	€ 210.701,00	
Ertragswert		rund € 210.000,00

B e l e i h u n g s w e r t	
Sachwert	€ 290.000,00
Ertragswert	€ 210.000,00
Beleihungswert,	
wenn Eigenbezug (€ 2.417,00 /qm Wfl.)	€ 290.000,00
wenn vermietet und DN max. 3 ETW besitzt	€ 290.000,00
wenn DN mehrere ETW besitzt (€ 1.750,00)	€ 210.000,00

Für die Ermittlung des Verkehrswerts müsste der Ertragswert mit einer Kapitalisierung von etwa 3,75 – 4 % ermittelt werden.

Hinsichtlich der möglichen Beleihung ist wie in Beispiel 7 vorzugehen. Wenn allerdings für einen Darlehensnehmer mehr als drei Eigentumswohnungen beliehen werden sollen, wird die Kapitaldienstfähigkeit vom Cash Flow bestimmt.

Beispiel 11: Bewertung eines kleinen Hotel garni

Vorgaben: Lage in einer Großstadt; guter Anschluss an die öffentlichen Verkehrsmittel. Baujahr 1983. Grundstücksgröße 600 qm. Massivbau mit zeitgemäßer Technik. Guter Bauzustand. Das gut ausgestattete Hotel hat 10 Einzelzimmer (EZ) und 23 Doppelzimmer (DZ) und insgesamt 1171 qm Nutzfläche. Ferner im Kellergeschoss 16 Duplexstellplätze.

Das Hotel ist an einen privaten Betreiber vermietet um € 14,00 je qm Nutzfläche. Der Mietvertrag läuft noch 10 Jahre mit Verlängerungsoption. Es ist eine Staffelmiete vereinbart, die alle drei Jahre um rd. 10 % steigt.

Bewertung für Beleihungswert:

I. Sachwert:

Bodenwert: 600 qm zu € 2.100,00 (ebf)		€ 1.260.000,00
Gebäudewert:		
Hotelgebäude		
6000 cbm × € 330,00 =	€ 1.980.000,00	
Wertminderung 18,2 %	€ 360.360,00	
Gebäudezeitwert		€ 1.619.640,00
Außenanlagen 3 %		€ 48.589,00
Zwischensumme		€ 1.668.229,00
Sicherheitsabschlag 10 %		€ 166.823,00
Gebäudewert		€ 1.501.406,00
Hinzu Bodenwert wie oben		€ 1.260.000,00
Sachwert		€ 2.761.406,00
Das sind rund		€ 2.760.000,00

II. Ertragswert:

Angegebene Miete (Nettomiete, kalt)	
Nutzfläche 1.171 qm zu € 14,00 =	€ 16.394,00
PKW-Einstellplätze 16 × € 75,00	€ 1.200,00
Monatsnettomiete	€ 17.594,00
Jahresnettomiete	€ 211.128,00
Bewirtschaftungskosten	
nicht umlegbare Betriebskosten	keine
Verwaltungskosten	€ 8.445,00
(4 % der Jahresmiete)	
Instandhaltung und Modernisierung	
(1.171 qm × € 15,00)	€ 17.565,00
für Tiefgaragenplätze (Duplex)	
16 × € 75,00	€ 1.200,00
Mietausfallwagnis 5 % der Miete	€ 10.556,00
	€ 37.766,00
= % der Miete	17,89 %

Angesetzte Bewirtschaftungskosten	20 %	
das sind	€ 42.226,00	
Jahresreinertrag	€ 168.902,00	
Kapitalisierungszinssatz 6,5 %		
Bodenwertverzinsung		
€ 1.260.000,00 × 6,5 %	€ 81.900,00	
Gebäudereinertrag	€ 87.002,00	
Vervielfältiger bei 6,5 % Zins und		
43 Jahren Restnutzungsdauer = 14,36		
Gebäudeertragswert		€ 1.249.349,00
hinzu Bodenwert wie oben		€ 1.260.000,00
Ertragswert		€ 2.509.349,00
das sind rund		€ 2.500.000,00

III. B e l e i h u n g s w e r t:

Sachwert	€ 2.760.000,00
Ertragswert	€ 2.500.000,00
Beleihungswert (Ertragsobjekt)	€ 2.500.000,00

das sind 11,84 fache Jahresnettokaltmiete.

Bis hierher gleicht diese Bewertung der eines Bürogebäudes, da das Hotelobjekt zu einem vom Umsatz unabhängigen Festbetrag vermietet ist. Jetzt ist aber noch zu prüfen, ob der Hotelier die angesetzte Miete auch tatsächlich erwirtschaften kann. Dazu folgende Nebenrechnung, die, soweit möglich, an Hand der tatsächlichen Umsatzzahlen des Hotels zu kontrollieren ist:

Durchschnittlicher Übernachtungspreis ohne Frühstück:	
Einzelzimmer	€ 98,00
Doppelzimmer	€ 148,00
Garagenmiete je Nacht	€ 7,00
Die Mehrwertsteuer ist in diesen Preisen enthalten	
Zimmerauslastung	70 %
Doppelbelegungsfaktor =	1.15
(15% der DZ sind von zwei Personen belegt)	

Logisumsatz:	
10 EZ × € 98,00 : 1,16 × 365 × 0,7 =	rund € 215.800,00
23 DZ × € 98,00 : 1,16 × 365 × 0,7 =	rund € 496.500,00
Zuschlag für Doppelbelegung der 23 DZ	
23 DZ × € 50,00 : 1,16 × 365 × 0,7 × 0,15 =	rund € 38.000,00
16 Garagen × € 7,00 : 1,16 × 365 × 0,7	rund € 24.700,00
Logisumsatz	rund € 775.000,00
Sonstiger Umsatz (Frühstück etc.) 10 %	rund € 77.500,00
Gesamtumsatz (ohne Mehrwertsteuer)	rund € 852.500,00

Miete: Die oben unter II. angesetzte Jahresmiete von € 211.128,00 beträgt knapp 25 % des errechneten Umsatzes, oder monatlich € 533,00 je Zimmer. Das ist gut vertretbar.

Der Schlüssel in dieser Berechnung ist die erreichte oder zu erreichende Belegung. In guter Lage einer Großstadt ist eine Belegung von 70 % bei guter Führung des Hotels möglich. In besonderen Fällen (beste Lage, gutes Preis-Leistungsverhältnis, viele Tagungen und Kongresse etc.) können 70 % Belegung sogar etwas überschritten werden. In Kleinstädten oder gar ländlichen Lagen liegt die Belegung in der Regel erheblich niedriger. In Fremdenverkehrsgebieten beträgt die Belegung bei nur einer Saison zwischen 35 und 50 %. Bei doppelter Saison (Sommer und Winter) können Belegungsquoten von 60 % erreicht werden. Viele nicht gut gelegene Hotels in den neuen Bundesländern weisen heute nur Belegungsquoten von 30 %, mitunter sogar weniger auf. Dann werden kaum die laufenden Kosten erwirtschaftet. Für eine Verzinsung des investierten Kapitals bleibt nichts übrig. Eine Beleihung scheidet damit aus.

IV. Mögliche Beleihung:

1. Nach dem Wert:

60 % des Beleihungswerts = Realkredit =	€ 1.500.000,00
80 % des Beleihungswerts	€ 2.000.000,00

2. Nach der Kapitaldienstgrenze:

Reinertrag wie oben	€ 168.902,00
Erwünschte Reserve wenigstens 10 %	€ 16.890,00
Kapitaldienstgrenze	€ 152.012,00
d. s. rd. 17,8 % des Jahresumsatzes ohne Mehrwertsteuer.	
Annuität obiger Realkredit bei 7 % Zins und 1,5 % Tilgung	€ 127.500,00
verbleiben für nachrangiges Darlehen außer der Deckung	€ 24.512,00
Annuität Darlehensteil außer Deckung Zins 7,5 %, Tilgung 2 %. (Für beide Darlehen lange Zinsbindung erforderlich)	

Die Kapitaldienstgrenze reicht nur mehr für rund	€ 250.000,00
Hinzu Realkredit wie oben	€ 1.500.000,00
Mögliche Höchstbeleihung	€ 1.750.000,00

das sind 70,0 % des Beleihungswerts.

Bei Neubauten von Hotels ist es sehr schwer, die Belegung im vorhinein richtig einzuschätzen, zumal immer einige Anlaufjahre notwendig sind.

Literaturverzeichnis

Nr. 1 Aereboe, F.: „Taxation von Landgütern und Grundstücken", Berlin 1912.

Nr. 2 Bellinger, D.: „100 Jahre Hypothekenbankgesetz", Frankfurt, 1999

Nr. 3 Bellinger/Kerl: „Hypothekenbankgesetz", Kommentar, 4. Auflage, 1995

Nr. 4 Europäischer Hypothekenverband, „The Valuation of Property for Lending Purposes in the EG", Brüssel, 1998

Nr. 5 Gerardy, Th.: „Praxis der Grundstücksbewertung" Loseblattsammlung, Landsberg 1991 ff.

Nr. 6 Golz von der, TH. Landwirtschaftliche Taxationslehre", Berlin 1892.

Nr. 7 Hypothekenverband i.d. EG: „Der Hypothekarkredit in der Europäischen Gemeinschaft", Bonn 1990

Nr. 8 Hyp Zert: Studienbrief „Absicherung von Darlehen mit Grundpfandrechten", Bonn 1997

Nr. 9 Hyp Zert: Studienbrief „Europäische Immobilienmärkte und ihre Bewertungsverfahren", Bonn 1997

Nr. 10 Hyp Zert: Studienbrief „Hypothekenbanken", Bonn 1997

Nr. 11 Hyp Zert: Studienbrief „Verkehrswert nach WertV und anderen Verfahren", Bonn 1997

Nr. 12 Hyp Zert: Studienbrief „Grundlagen der Wertermittlung", Bonn 1997

Nr. 13 Hyp Zert: Studienbrief: „Volks- und betriebswirtschaftliche Grundlagen für den Immobiliensachverständigen", Bonn 19..

Nr. 14 Kerl, V. „Bankenaufsichtliche Anforderungen an den Realkredit", München, 1994.

Nr. 15 Kerl, V.. Diverse Aufsätze in „Der Langfristige Kredit"(LK) und „Grundstücksmarkt und Grundstückswert" (GuG)

Nr. 16 Kleiber, Simon, Weyers: „Verkehrswertermittlung von Grundstücken", Kommentar und Handbuch zur WertV, 4. Auflage, Köln 1998

Nr. 17 Pohnert, F., „Kreditwirtschaftliche Wertermittlungen", 5. Aufl., Neuwied 1997.

Nr. 18 Ross-Brachmann-Holzner: „Ermittlung von Bauwerten von Gebäuden und des Verkehrswerts von Grundstücken", 28. Auflage, Hannover 1997

Nr. 19 Rüchardt, K.: „Handbuch des Hypothekarkredits", 3. Aufl. Frankfurt (M), 1993

Nr. 20 Rüchardt, K.: Diverse Aufsätze in „Der Langfristige Kredit" (LK) und „Grundstücksmarkt und Grundstückswert" GUG

Nr. 21 Stannigel, Kremer, Weyers: „Beleihungsgrundsätze für Sparkassen", Kommentar und Handbuch, Stuttgart 1984

Nr. 22 Steffan, F.: „Handbuch des Realkredits“, 1. Aufl. Frankfurt (M), 1963
Nr. 23 Steffan, F.: „Handbuch des Real- und Kommunalkredits“ 2. Aufl. Frankfurt (M), 1977
Nr. 24 Stöcker, O.: „Die Hypothekenbanken und der Pfandbrief in den mitteleuropäischen Reformländern“, Frankfurt/M 1998
Nr. 25 TEGoVA: Anerkannte europäische Standards für die Immobilienbewertung, London 1998
Nr. 26 The European Group of Valuers' Associations: European Valuation Standards 2000, London 2000.
Nr. 27 Vogels, M.: „Grundstücks- und Gebäudebewertung – marktgerecht“, 5. Aufl. Wiesbaden 1996.
Nr. 28 Weil, TH.: „Grundstücksschätzung“, Düsseldorf 1953 u. 1958
Nr. 29 Werth, A.: Zur Bewertung von Erbbaurechten in „Der Langfristige Kredit“, 1988 Heft 17 u.18 und 1989 Heft 3.
Nr. 30 White, D. u. a.: „Internationale Bewertungsverfahren für das Investment in Immobilien“, Wiesbaden 1999

Studienbriefe der Hyp Zert GmbH

Grundlagen der Wertermittlung
Verkehrswert nach WertV und anderen Verfahren
Mathematik und Statistik
Sondereinflüsse und ihre Auswirkungen auf die Wertermittlung
Der Immobilienmarkt in Deutschland und seine Einflüsse
Sachverständigenwesen in Deutschland und Europa
Hypothekenbanken/Realkreditinstitute
Absicherung von Darlehen mit Grundpfandrechten
Beleihungswert
Europäische Immobilienmärkte und ihre Bewertungsverfahren
Volks- und betriebswirtschaftliche Grundlagen für den Immobiliensachverständigen
Projektentwicklung
Ermittlung von Marktwerten für Immobilien
Bautechnische Grundkenntnisse

Stichwortverzeichnis

(Die angegebenen Zahlen sind Textziffern)

In der Schriftenreihe des Verbandes deutscher Hypothekenbanken erschienen bisher:

Ungezählte Bände:

Liquidität für den deutschen Pfandbrief

Eine Studie des Schweizerischen Instituts für Banken und Finanzen.
Bearbeitet von Alfred Bühler, Michael Hies und Heinz Zimmermann.
1996. 112 Seiten, brosch. DM 40,–. ISBN 3 7819 0575 6.

Die Refinanzierung deutscher Hypothekenbanken

Gegenwart und Zukunft.
Von Dr. Michael Hies.
1996. 324 Seiten mit Abbildungen, brosch. DM 60,–. ISBN 3 7819 0578 0.

Risk Based Capital Requirements and Commercial Mortgage Credit Risk in Europe

by Achim Dübel and Ulrich Pfeiffer in cooperation with Tony Key, Michael J. Lea and Ian Morling.
1996. 168 pages. Paperback. DM 74,–. ISBN 3 7819 0584 5.

Der gleiche Titel in deutscher Sprache:
Risikogewichtete Eigenkapitalanforderungen und die Risiken des gewerblichen Hypothekarkredits in Europa

1996. 184 Seiten, brosch. DM 74,–. ISBN 3 7819 0585 3.

Gewerbliche Bauinvestitionen in ausgewählten EU-Staaten

Von Erich Gluch.
1997. 264 Seiten, brosch. DM 78,–. ISBN 3 7819 0595 0.

Die Hypothekenbanken und der Pfandbrief in den mitteleuropäischen Reformländern

Von Dr. Otmar M. Stöcker.
1998. 304 Seiten, brosch. DM 75,–. ISBN 3 7819 0627 2.

Die Steuerreform aus immobilienwirtschaftlicher Sicht

– Zwei Gutachten –
1998. 80 Seiten, brosch. DM 40,–. ISBN 3 7819 0629 9.

In der Schriftenreihe des Verbandes deutscher Hypothekenbanken erschienen bisher:

Die Sicherung der Pfandbrief- und Obligationengläubiger vor einer Insolvenz der Hypothekenbank

Geltendes Recht und Reformvorschläge.
Von Prof. Dr. Rolf Stürner.
1998. 196 Seiten, brosch. DM 58,–. ISBN 3 7819 0633 7.

Band 8:
Die vorzeitige Rückzahlung von Festzinskrediten

Eine Rechtsvergleichende und ökonomische Analyse.
In Vorbereitung 2000. Ca. 304 Seiten, brosch. ca. DM 68,–.
ISBN 3 7819 0651 5.

Band 9:
Deutsche Pfandbriefe und Deckungswerte in den Niederlanden

Ein Gutachten von Prof. Dr. Rolf Stürner und Prof. Dr. Astrid Stadler.
2000. 156 Seiten, brosch. DM 48,–. ISBN 3 7819 0655 8.

Band 10:
Der deutsche Pfandbrief und englische Deckungswerte

Ein Gutachten von Prof. Dr. Rolf Stürner, Dr. Robert Schumacher LL.M. und Dr. Alexander Bruns LL.M.
2000. 120 Seiten, brosch. DM 34,–. ISBN 3 7819 0656 6.

Band 11:
Struktur und Entwicklung der Eigenheim- und Gewerbefinanzierung der deutschen Hypothekenbanken

2000. 212 Seiten, brosch. DM 70,–.
ISBN 3 7819 0663 9.

Band 12:
Trends der Bevölkerungsentwicklung

Von Prof. Dr. Herwig Birg.
2000. 96 Seiten, brosch. DM 32,–
ISBN 3 7819 0668 X.